集英社インターナショナル

三枝輝行　ナニワの逆転戦略

日本一の「デパ地下」を作った男

巽 尚之

日本一の「デパ地下」を作った男

三枝輝行　ナニワの逆転戦略

日本一の「デパ地下」を作った男　もくじ

第四章　喧嘩サラリーマン

第五章　社長就任

装幀・デザイン　大森裕二
カバー写真　祐實知明
カバー写真撮影協力　阪神百貨店梅田本店

プロローグ

　平成三十（二〇一八）年四月十日。日刊各紙の関西版の朝刊は、そろって建て替え工事中の阪神《はんしん》百貨店梅田《うめだ》本店の一部が先行して六月に開業するというニュースを伝えた。見出しに共通するワードは〝食の阪神〟という表現だ。

「食の阪神　衣料の阪急《はんきゅう》　梅田・百貨店『ツインタワー』六月に部分開業」（毎日新聞）
「『食の阪神』六月新生　フードコート復活　パン・ワイン充実　高級路線の阪急と共存図る」（朝日新聞）
「『食の阪神百貨店』より充実　第一期棟六月先行開業　一階にも売り場設置」（読売新聞）
「『食の阪神』前面　梅田本店、一階も切り替え」（日本経済新聞）
「『食の阪神百　名所復活』立ち食いスペース六月開業」（産経新聞）

　産経新聞の記事のリードを引用すると、
「エイチ・ツー・オーリテイリングは九日、建て替え工事中の阪神百貨店梅田本店（大阪市北区）の一部を先行して六月一日に開業すると発表した。営業をやめていた人気のフードコート『スナックパーク』が三年ぶりに地下一階の食品売り場に復活。雑貨を主に販売していた一階はパンとワインの売り場に替え、『食の阪神』のイメージを強化する」とある。

いつの頃からか、阪神百貨店は大阪になくてはならない食品百貨店として知られるようになった。

なぜ、阪神百貨店は食品に強い百貨店なのだろうか。自然発生的に買い物客に支持されて食品売り場が充実していったのだろうか。答えは否《いな》である。

ある日の阪神百貨店梅田本店の地下一階。

食料品売り場を訪れ鮮魚のコーナーに足を踏み入れると、「はーい、旬《しゅん》のマグロ」「きょうはサバがお買い得だよ」と威勢のいい声が飛び、「はーい、ハイ、五百円、五百円……」と連呼する声が館内に響く。

精肉売り場を覗《のぞ》くと、ボーダー柄のTシャツに半パン、草履《ぞうり》履きの初老の男性が「きょうは散髪行ったついでに来てん」と店員と言葉を交わしながら商品を指さし、「コレとコレとコレちょうだい」と、買い求める。ひょっとしてこの人は常連客なのだろうかと思わせる。阪神の食品売り場には、ワクワクするような活気と庶民感覚が百パーセント満ちている。

ここ大阪・梅田のターミナルに立地する阪神百貨店は新聞各紙が報じたとおり食料品売り場に定評があり、「デパ地下ナンバーワンの百貨店」などと称される。

詳しくは後で述べるが、実際、大手主要百貨店の売上高に占める食料品の比率は約四五パーセント（二〇一八年）と抜きんでている。食品の売り上げ比率以外でも、ワイン七百銘柄一万本を取り揃《そろ》える酒売り場は西日本では最大級。大阪名物「５５１蓬萊《ほうらい》」の豚まんを売る店舗が同じフロアに二カ所（イートインを除く）あるのは阪神百貨店だけ。洋菓子のブランド「アンテノール」の売り場で、顧客の前でデコレーションを実演する店内厨房を設けたのは阪神百貨店が初……と、ナンバーワンを補強する材料が次々に見つかる。

阪神百貨店がどうして食料品にめっぽう強い百貨店になったのか。

その鍵を解《と》く人物がいる。

最近でこそ百貨店の食品売り場に各社とも創意と工夫を凝らすようになってきたが、どの百貨店も利益率の低い食品には見向きもしなかった頃に、目を付けた経営者がいたのだ。

「どこにも負けない店づくりには、食品しかない」

そう考えたワンマン社長は自らも全国を巡って食べ歩き、こだわりの食品の品揃えに奔《ほん》走《そう》した。

この結果、庶民が行列をなすいか焼きから芦屋《あしや》マダムが好んで買いに来るA5ランクの高級牛肉まで、〝食品の阪神〟は買い物客の支持を得て、大阪・梅田になくてはならない存在感を示すようになった。その仕掛け人こそが、阪神百貨店の社長、会長を務めた三枝《さえぐさ》輝行《てるゆき》である。

三枝が手掛けた百貨店改革は、この食品売り場にとどまらない。

入社早々、理不尽で不遇な処遇をされたことに憤慨《ふんがい》し、上司である常務に謝罪をさせて職場に復帰したという武勇伝にはじまり、台湾での百貨店づくりや経営破綻《はたん》した百貨店の再建、大賑《にぎ》わいとなった阪神タイガースの優勝セールや質流れセール、そして日本中が固唾《かたず》をのんで注目した〝村上《むらかみ》ファンド〟との対峙《たいじ》など、手掛けた数々のアイデア商法や旧弊にとらわれない大胆な経営改革は、いずれも三枝作・演出の名作ドラマである。

『課長　島耕作《しまこうさく》』という人気漫画がある。昭和五十八（一九八三）年に漫画雑誌『モーニング』（講談社）に登場し、家電メーカーで働くサラリーマン（島耕作）を主人公に、大企業同士の熾烈《しれつ》な競争や社内の派閥争いなどをリアルに描きヒットした。

島耕作が勤める会社は「初芝《はつしば》電器産業」とされているが、それは原作者の弘兼憲史《ひろかねけんし》が漫画家としてデビューする以前に勤務していた松下《まつした》電器産業（現・パナソニック）がモデルになっているとされる。島耕作はその後、部長、取締役、常務、専務と昇進し、遂《つい》に社長に上り詰めて最後には会長になるのだが、シリーズではその都度「部長　島耕作」「取締役島耕作」……と、立場を変えて新たな物語が展開するようになっている。

三枝の会社人生も、ある意味、「島耕作」である。

島耕作は団塊の世代という設定であるから昭和二十年代初期の生まれであろう。昭和十五年生まれの三枝は島耕作よりも少し年上だ。片や家電メーカー、片や百貨店と、仕事の土俵は違うが高度成長を終えた日本経済の安定成長期やバブル経済の時代を生き抜き、出世魚のように昇進していくサラリーマン人生は互いに重なる。

「働き方改革」を推進する安倍政権は、女性の活躍や勤務時間の短縮、休日の消化……など誰にも働きやすい職場環境を整える、いわばソフト・ランディング路線に精力を注いでいるが、一サラリーマンとして入社し、さまざまな改革に取り組みながらトップに上り詰めた三枝の痛快な会社人生には、別の意味で「働き方改革」のヒントがぎっしりと詰まっている。

三枝の、ハードボイルドで豪胆な人生の系譜を追うことは、組織の一員として日々、懸命にそれぞれの仕事に励むサラリーマン諸氏に、「こんな会社人生があるのか」という驚きとともに、勇気とヒントを与えてくれるに違いない。

さあ、〝三枝劇場〟の幕を開けよう。

第一章

デパ地下日本一

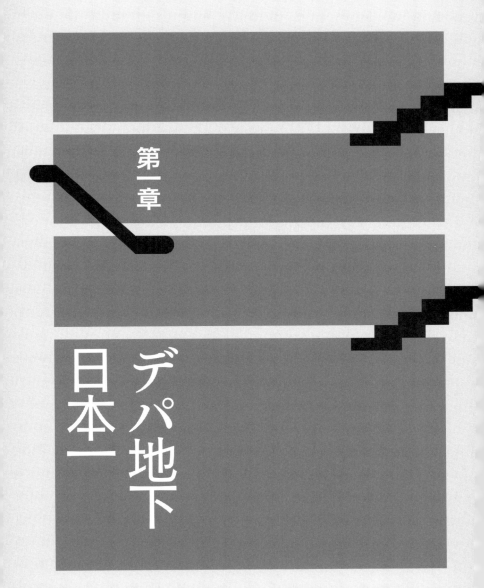

昭和三、四十年代のデパート全盛期、百貨店というと休日に家族でちょっとおしゃれをして出掛ける楽しみな場所であった。子供たちにとっては、屋上遊園地があり、大食堂があり、そこに行けばお子様ランチやオムライス、ハヤシライスなどハイカラなメニューが満載で、「何でも好きなもん、遠慮せんと食べや」と言われる最大の楽しみの一つであった。戦後の百貨店の原風景である。

三枝輝行が阪神百貨店の社長に就任したのは平成七（一九九五）年。バブル経済が終焉《しゅうえん》を迎えて間もない頃だったが、当時の百貨店はファッション関連や衣料品による売上高が中心を占めていた。今でこそ、スーパーの売り場にも百貨店と遜色《そんしょく》のない衣料品が並ぶようになったが、昭和から平成初期にかけてコートやスーツ、セーターなど外側に着用する「アウターウエア」は百貨店の最も得意とするジャンルであり、当然のことながら収益性も高かった。

三枝は入社以来、阪神百貨店に隣接する阪急百貨店梅田本店（阪急うめだ本店）をライバル視しつづけたが、売上高や品揃えに勝る阪急にはどうしても勝てなかった。特に、ファッション、衣料品の分野ではメーカーは高額価格帯の一流品を阪急に納め、阪神には庶民でも手が出せる二番手の商品しか回ってこないため、勝ち目がない悲哀が肌身に染みていた。つまり、数あるブランドの中で売れ筋は阪急、そうでもない二番手、三番手の商品は阪神に納められる。また、阪急が「要らない」と納入を断った商品も阪神に回ってきたという。

「何とか阪急に勝てる方法はないものか」

それが、百貨店業界のヒエラルキー（階層構造）に悩む三枝の悲願であった。

隣接するライバル百貨店、阪神と阪急

大阪の繁華街は梅田周辺のキタと、難波《なんば》・心斎橋《しんさいばし》界隈を指すミナミに大別される。キタにある百貨店は阪急、阪神、そして大丸《だいまる》。ミナミには大丸、そごう、髙島屋《たかしまや》が立地した。そして、さらに南に下ると、近畿日本鉄道（近鉄《きんてつ》）の本拠である上本町《うえほんまち》と天王寺《てんのうじ》に近鉄百貨店があり、いずれもターミナル型百貨店としての機能を備えている。

平成に入ると、このうち、一八〇〇年代から心斎橋で営業を続けてきたそごうが消滅した。そごうの第一号店として旗艦店《きかんてん》の役割を果たした心斎橋本店は、長年にわたって隣接する大丸とライバル関係にありながら互いに切磋琢磨《せっさたくま》し、心斎橋商店街の活性化に一役買

ったのだが、経営破綻により平成十二（二〇〇〇）年に閉店。その後、同十七（二〇〇五）年に新装開店したものの二十一（二〇〇九）年には営業を終了し、建物は大丸（J・フロントリテイリング）に約三百八十億円で売却されて、現在は大丸心斎橋店の北館として利用されている。

そごうも大丸も古着商、呉服商として江戸時代に創業し、大阪心斎橋に進出してからは隣接する百貨店同士として商売に鎬《しのぎ》を削《けず》ってきた。そして最終的には大丸が生き残ったのである。

そんな心斎橋における大丸・そごうの関係と、梅田の阪急・阪神百貨店の関係は、見方によると酷似している。

阪急百貨店も阪神百貨店も親会社である鉄道会社（阪急電鉄、阪神電気鉄道）の傘下にターミナル百貨店として生まれ、隣接する百貨店同士としてライバル競争を繰り広げてきた。ただ、〝格〟は日本初のターミナルデパートとされる阪急百貨店が上であった。

それは、阪急電鉄の運行区間が富裕層の多い〝山の手〟とされることに対し、阪神電気鉄道は〝庶民派〟の多い海寄りの路線を走ることと無縁ではなかった。阪急百貨店を訪れる買い物客の足元が革靴だとすると、阪神百貨店は草履履きの百貨店であった。阪神百貨店直営のストアは、尼崎《あまがさき》や西宮《にしのみや》、御影《みかげ》など阪神沿線にもあり、生活感覚に近い百貨店と位置付けられる。

弱者の逆転戦略「ランチェスターの法則」

打倒阪急に燃える三枝が思い浮かべたのが「ランチェスターの法則」であった。

英国の航空エンジニア、ランチェスターが発見した戦力と勝敗に関する法則で、マーケティングにも応用されている。このランチェスターの法則とは、接近戦で一騎討ちの戦闘の場合、勝敗は戦力に比例し、集団戦の場合の勝ち負けは攻撃力の二乗に比例するというもの。ならば、弱者にはハナっから勝ち目がないように思われるが、そうではない。法則の難しい数理の説明はここではしないが、分かりやすく述べれば、弱者は強者の攻撃力が手薄な分野に特化することで、強者の常勝神話を打ち崩してのし上がることができるというものだ。この法則はビジネスにも応用できる。つまり、弱者は差別化戦略を取り、強者が目を向けないようなすき間（ニッチ）市場に独自の地歩《ちほ》を築くことで強者の鼻を明かすことができるというのである。

この法則を阪神百貨店に当てはめると、兵力に劣る弱者（阪神）は、すき間市場での武器を充実させて一対一の接近戦に持ち込み、強者（阪急）との戦いに臨むべきであるということになる。

では、阪神にとって武器となりうるのは何か？

そこで三枝の出した答えが、食料品だった。

百貨店の屋上に近いフロアでは、バーゲンセールや美術品の展示会といった催《もよお》しが行われる。そのような催しは〝シャワー効果〟と呼ばれ、シャワーの水が滴《したた》り落ちるように、催しにやって来た買い物客が上層階から順に降りていく途中で、商品を購入してもらうことを狙《ねら》った百貨店戦略の一つである。

シャワー効果とは逆に、食品売り場を中心とする地階に集まったお客さんを次第に上層階へと促《うなが》し、商品の購入増加を狙う戦略がある。つまり顧客の流れを下から上に誘導するのが〝噴水効果〟と呼ばれるものだ。

最近でこそそうした噴水効果を狙って各社とも食品売り場に創意と工夫を凝らすようになってきたが、三枝が社長に就任した当時、食品に注目する者はほとんどいなかった。

「当時、一万円の商品を売って衣料品の粗利益が三千〜四千円だとすると、食料品の粗利は七百円から千五百円程度。衣料品さえ売っていればそこそこの利益が出た時代に、わざわざ利益率の低い食料品に注力する百貨店なんてなかった」と、三枝は振り返る。

「よし、全国の百貨店が手を抜いている食品に、今こそ力を入れよう」と決めたが、業界関係者は「なんで、儲《もう》かりもしない食品にわざわざ力を入れて取り組むんや、あほとちゃうか」と、〝三枝阪神〟を冷ややかな目で見下した。マスコミの論調も「阪神百貨店は一体、何を考えているのか」と批判一色だったという。

だが、こうと決めれば譲らないのが三枝の性格だった。そして、それは実はリーダーとしての優れた資質でもあった。

三枝は批判をよそに、売り場の改革をスタートさせた。

何かを変える時は、スタート段階がいちばん辛い

阪神百貨店の食品売り場の面積は二千四百坪（約七千九百平方メートル）で、東西に細長く位置していた。出店業者は阪神百貨店の前身である「阪神マート」と呼ばれた時代から商売を続けるパパママ・ストア（零細商店）が多く、同じような商品があちこちに点在していた。

そしてお客さんが歩く通路は幅約三メートルと狭《せま》く、買い物かごを提げた客同士がぶつかりそうになりながらすれ違っていた。

「まず、ここを何とかしなくては」

売り場の平面図に、幅約七メートルの広々としたメーン通路を描いた。これで顧客はゆったりと買い物を楽しむことができるはずだった。しかし、食品売り場の面積に限りがあ

る以上、通路を広くした分、長年阪神に出店してきたパパママ・ストアの一部には退店してもらわなければならなかった。

三枝は零細ストアの店主に向き合った。

「今回、思い切って食品売り場を改装し、通路を広くとることにしました」

「そりゃ、ええことですな。ほんだら、うちはしばらく休業せなあかんのですか」

「いえ、出店してくださっているお店も、見直すと重複しているところも多い。百貨店に買い物に来てくれはるお客さんの便宜を思うたら、申し訳ないんですが、お店の皆さんにも協力してもらいたいと考えてるんです」

「協力て、どないなことです?」

「申し上げにくいんですが、新しい売り場から退出してもらうお店もあります」

「うちが、その中に入ってる……と」

「……」

「社長っ、そりゃ殺生《せっしょう》だっせ」

「ご無理は重々承知してます。ほんまにこれまで長い間、うちの百貨店に尽くしてくれはったのに、こんなこと申し上げるのは本当に忍びないんですが……」

「えらい、軽く見られたもんや。店を出すっちゅうのは、そんな簡単なことやあらへん。

社長さん、あんた自分で店出したことないやろ。せやから、そんなに簡単に言いはるんや」

「失礼なことを申し上げてることは、よう分かってます。それには、心から謝ります。どうか阪神百貨店のためや思うて、何とかご理解ください」

「うちは高校生と中学生の子供がおるんや。仕事なくなったら一体どないせい言いますねん。親子で首くくらなあかんことになるわ。ほんま、死活問題や」

「立ち退《の》きいただく際は、もちろんできるだけの配慮をさせてもらいますから」

「よう、ぬけぬけとそんなこと言いはるわ。うちが一家心中したら、あんたらのせいやで、よう覚えとき」

このように、パパママ・ストアの立ち退き交渉は難航した。

個別の交渉は役員らに任せたが、社長である三枝自らも一軒一軒説得に当たった。行く先々で悪態をつかれ「二度と来るな」と、塩をまかれて追い返された。それでも、三枝は方針を変えなかった。

「ほかに出店させてもらえるところを全力で探して、斡旋《あっせん》しますので……」

食料品売り場の改装を決めてから一年半が経過。退店を渋る店舗には何度となく足を運んだ。

「時間をかける以外に手はなかった。ここでしか商売をしていない店舗にとって、生きるか死ぬかであり『立ち退きを迫られたら、明日から生活でけへん』という言い分はもっともだったが、それでも退店してもらうしかなかった」と、三枝は振り返る。だからこそ、犠牲を強《し》いた分、いい売り場にしなくてはとの思いは一層強くなった。

こうして粘り強い交渉の末にパパママ・ストアの店主たちもようやく退店に応じてくれるめどが立った。

相手の感情を揺さぶったり、泣き落としたり……という情感にすがるような交渉をしたわけではない。さりとて三枝一流の交渉術の秘策があったわけでもなかった。何度も足を運び、「申し訳ないけれど」と前置きをして繰り返し改装の必要性を訴える中で、相手も三枝の思いを受け入れてくれたのであろう。誠意が通じたのではなかったかと、三枝は当時を振り返る。

次に取り掛かったのは商品の整理、集約であった。同じような肉や魚、惣菜が売り場のあちこちに混在し、買い物がしづらい配置になっていた。それは阪神百貨店の前身「阪神マート」の時代から、脈絡なく出店を許してきた弊害でもあった。

「何や、この百貨店、さっきも肉の売り場があると思うたのに、またこんなとこにも別の肉売り場があるわ。わっかりにくい配置やなぁ」。そんな顧客の声に応えて、精肉、魚介、生鮮野菜と惣菜などの売り場を明確に分けて、やって来る買い物客にとっても、無駄なく回ることができて買いやすいレイアウトに変更。お客さんが効率よく買い物ができるよう動線にも配慮し、店づくりを一から見直した。

〝祭り〟を演出せよ

こうして、阪神の食品売り場は生まれ変わる。

そして、三枝は社員全員に号令をかけた。「全国から美味しいものを集めよ」と。

食品売り場づくりに賭《か》ける三枝の熱意と哲学。それは、「非日常の世界を創り出す」という百貨店業のコンセプトとは正反対であった。

「非日常」は百貨店にとってのステータスだった。「それはそれでいい」と三枝は割り切った。月に一、二回はおしゃれをして百貨店に買い物に行くという非日常を否定するわけではなかったが、百貨店の中にそれとは全く逆の売り場があってもいいはずだと、三枝は考えた。

「〝阪神の食品〟はおしゃれして買い物するようなきれいごとでなくていい。むしろ下駄履きで来てもらえる市場でいい。各家庭の〝台所〟をつくれ」と指示した。それは、ランチェスターによるところの弱者の戦略そのものであった。

三枝は会話の中で「徹底して……」という言葉を好んで使用する。「やるからには徹底しよう」という哲学が、三枝という指揮官の脳裏に確立されていた。

三枝は、阪神の食料品売り場を〝庶民の台所〟に徹底しようと考えた。そのためには、百貨店の存在意義である「気取った非日常」を消し去るのである。百貨店の得意とする「非日常」を中途半端に持ち込むと、そもそも思い描いたコンセプトが希薄になり改革は頓挫《とんざ》する。三枝はそのことをよく理解していた。

家庭のキッチンに直結する売り場づくりを目指したのである。

ただし、そこにはスーパーや単なる公設市場とは異なる百貨店らしいある仕掛けが必要であった。それは〝祭り〟を演出することである。

台湾を旅行した人なら、夕刻から訪れたことがあるのではないだろうか。「夜市」である。台北《タイペイ》では士林《シーリン》の夜市が大規模で有名だが、そこへ行くと、食品や雑貨の店がずらりと軒《のき》を並べ、大勢の人で賑わっている。売られている商品が高級品かというと、決してそんなことはなく、庶民の財布に合わせたそれなりの品物ばかりだ。中には、高級ブランド品のまがい物らしき商品さえ陳列台に並ぶ。

夜市の食品といえば独特の匂いが立ち込める一角に屋台がひしめき、豚の脳みそスープや煮卵、巨大な台湾ソーセージや、臭豆腐《しゅうどうふ》など、いわゆるB級グルメばかりだ。しかし台湾人の老いも若きもそんな〝食の祭典〟を楽しみ、観光客もそんな夜市の雰囲気に浸《ひた》るのである。

夜市は台北に限らず台中《タイチュン》でも高雄《カオシュン》でも台湾全土で開催されている。台湾ばかりではなく、香港に行けば女人街《ノイヤンガイ》や男人街《ナムヤンガイ》というナイトマーケット（夜市）が呼び物だ。こちらの活気と賑わいも台湾に負けない。

日本でも参拝者で賑わう夏祭りの縁日には、参道の両側に夜店が並び、大人も子供も金魚すくいやヨーヨー釣りに興じ、たこ焼きやベビーカステラを買い食いして楽しむものである。

「夜市や夜店の楽しさに来場者は高揚感を覚え、屋台で売っているものに対して決して『高い』とは言わない。価格を忘れてつい買ってしまうその消費者心理。後で冷静になって振り返ってみても、買ったことを決して後悔せず、もう一度あの高揚感に浸って、今度は違う商品を買いたくなる。そんな仕掛けをうまく演出することが大事だ」というのが、三枝の食品売り場に寄せる思いであった。

夜市をデパ地下に置き換える仕掛けの一つが、実演販売だ。

例えばデザート売り場なら、ただ単にケーキなどの菓子をきれいに並べるのではなく、腕のいいパティシエがイチゴやメロンの載ったデコレーションケーキをつくり上げるありさまを、買い物客がガラス越しに凝視できるようにする。「美味しそうだな。買って帰りたいな」と、ごく自然に思わせる売り場づくりが必要なのである。

また、鮮魚売り場ではマグロの解体ショーを目《ま》の当たりにした消費者が、捌《さば》いたばかりの新鮮なマグロの身を試食して舌鼓《したつづみ》を打つ。ワインの売り場に足を向けると、オークションで競《せ》り落としたイタリア直輸入の赤・白ワインを、ちょっぴり試飲させてもらえる。そしてワインアドバイザーが「このワインは〇年物で……」などと蘊蓄《うんちく》を傾けると、消費者は今夜の夕食はこのワインを買って帰って食卓を盛り上げようと思うのだ。

三枝はそんな売り場づくりにこだわった。買い物客が、阪神の食品売り場という〝装置〟に酔う仕掛けづくりを、アジアの夜市や日本の夜店をヒントに着々とつくり上げたのである。

熱意も見せ方で「戦略」になる

「プライベートの国内旅行であっても、旅先で『これは旨い』と思ったら、その店に飛び込んで出店を依頼してほしい」

社員にはそう命じたものの、実際に美味しいお店を見つけて出店の依頼を即決できるのは、社長である三枝くらいしかいなかった。そこで、三枝自身が率先してそれを実践した。

社長の専用車で京都の取引先を回っていた時のこと。京都・北山《きたやま》付近の交差点で信号待ちのため車が止まった。ふと、車窓から眺めると、あるケーキ店に若い女性たちの行列ができていた。その光景に三枝の好奇心がうずいた。

「ちょっと、車を停めてほしい」と運転手に告げた。

車から降り立った三枝は、女性たちの列に並んで順番を待った。

たくさん種類のある中から選んだケーキを口にすると、甘さを抑えた上品な味わいが舌の上に広がった。

「なるほど、女性たちを虜《とりこ》にするはずだ」と思った。

その場から自動車電話で食品の担当役員を呼び出した。

「今、京都に来て女性が人だかりをつくっているケーキ店を見つけた。私が食べてみると、これが絶妙の味わいだ。『マールブランシュ』というケーキ屋さんだが、すぐに出店してもらうように交渉してほしい」

「社長、マールブランシュですね。そのケーキ店には一年も前からアプローチしているんですが、会ってもくれません」

「そうか」

「いくら攻勢をかけても全く脈なしですわ」

「分かった。それなら、阪神百貨店の三枝という社長が偶然に立ち寄り、お宅のケーキを食べて、あまりに美味しくて感動したとだけ、言っておくように」と役員に指示をした。

するとそれから数日が経《た》って、『マールブランシュ』の河内誠一《かわうちせいいち》社長から三枝に電話がかかってきた。

「三枝社長ですか。この間はわざわざ当店にお立ち寄りくださって、ケーキを召し上がっていただいたそうですね。『美味しい。感動した』と仰《おつしや》ってくださったと聞きましたが、私こそ三枝社長が当社のケーキを召し上がってくださり、そう仰っていただいたことに大変感動しました。私の方からぜひ一度伺わせていただきたいのですが、よろしいでしょうか」

こうして、商談は順調に進んだ。

「美味しい、感動した」のワンフレーズが、効果を発揮したのだった。

「私も好きなんです」

菓子についてもう一つ、知られざるエピソードがある。

和菓子で有名な「たねや」に関する話である。

「たねや」は明治五（一八七二）年創業の老舗《しにせ》和菓子メーカー。滋賀県近江八幡市《おうみはちまんし》の本社には田んぼや棚田があり、キヌヒカリ、ニホンバレといったコメやもち米、古代米などを栽培。菓子づくりの見学施設があり、そこでは和菓子はもちろん、焼き上げたばかりのふわふわのカステラやバームクーヘンなども味わえる。バスに乗ってやって来る観光客らを年間に約二百万人受け入れるという。

「和菓子屋なのにバームクーヘンをつくっているのか？」と疑問を持たれる方もいるかもしれない。実は、「クラブハリエ」のブランドで販売されているバームクーヘンこそ、たねやの別業態、洋菓子部門なのである。

そんな「たねや」が、本社のある滋賀県外の百貨店に出店したのは昭和五十九（一九八四）年六月、東京の日本橋三越《にほんばしみつこし》が初めてであった。県外の百貨店への進出にあたり、当時のたねや社長、山本徳次《やまもととくじ》はしっかりとした経営理念を確立すべきであると考えた。その経営理念は同社のバイブルとして今なお語り継がれている。ホームページにアップされた経営理念を要約すると次のような内容である。

近江商人であるたねやが最も大切にしなければならないのは、長い行商の間に片時も離さなかった天秤棒《てんびんぼう》である。商いの道に通じる天秤棒を支えに人間性を磨《みが》き、美味しいお菓子をつくって届けよう、と呼びかけている。また、自然から学び手塩《てしお》にかけて育てるという原点を忘れるなと戒《いまし》め、「今日如何にお客様によろこんで頂けたか」という魂《たましい》を込めた商いこそが重要であると説いている。

要は、三越出店に際して、東京に行くのだからと気負っていい格好をするのではなく、ありのままの姿で商売に取り組むことが大事だという素朴な教えであったようだ。

そのたねやに対し、阪神百貨店も出店を要請していたが、山本はなかなか首を縦《たて》に振らなかった。何とか出店してもらえる方策はないものかと、三枝も思案をしていた。そんな時、三枝はたねやの経営理念をふと目にして、考え込んだ。「待てよ。美味しい菓子づくりを通じて顧客に喜んでもらうことこそが、自分の喜びであると告げているではないか。その考え方にはどこかで見たような既視感がある」と――。

次の瞬間、思い浮かんだ。

「そうだ。ひょっとしてこの考え方は、『おさだ塾』の教えではないだろうか」

「おさだ塾」とは京都・上京区相国寺北門前《かみぎょうくしょうこくじ》にある長田純《おさだじゅん》が主宰した劇団のことである。劇団の精神については、「まず他人の痛みを我が痛みと、他人の喜びを我が喜びと感じられる、豊かな、繊細な心を持つ人間にならなければならない」と説いているのだが、三枝はたねやの経営理念に、おさだ塾の匂いを嗅《か》ぎ取った。

三枝は、たねや社長の山本徳次を訪ね、「御社の理念はなかなかご立派です。もしかして、おさだ塾と関係がおありなのでは……」と問いかけると、山本は身を乗り出して「仰《おお》せの通り、長田先生に教えを乞《こ》うてつくりましたが、三枝社長は長田先生をご存じなのですか」と驚いた。

「私はおさだ塾が演じる〝町かどの藝能〟が好きで、何度もよく観に出かけたものです。南京玉《なんきんたま》すだれなどの大衆芸能を素人の劇団員が一生懸命に演じている。邪念のないその姿にいつも感動して心洗われる思いがするのです」

「いや、そうでしたか。三枝社長がおさだ塾の信奉者でいらっしゃったとは、全く存じませんでした」

「おさだ塾は役者を育てるとともに、人間教育の場であり、リーダー教育の場でもあるんですねぇ」と、三枝はしみじみ感想を述べた。

「流石《さすが》によく理解しておられる」と話が弾み、このことがきっかけで、たねやは阪神百貨店への出店を快諾することになるのである。現在も阪神百貨店のたねやの売り場は、人通りの多い一角を占め、和菓子ファンに喜ばれている。

山本徳次は「三枝さんの熱意に負けた。こちらも出店に際して随分な無茶を言ったが、三枝さんはそれをすんなりと聞き入れてくださり、店舗の間口が十七メートルもある一等地をいただくことができた。三枝さんには本当に感謝している」と振り返る。

何でも試してみようという好奇心

ドライブが好きだった三枝はマイカーを飛ばしてよく大山《だいせん》（鳥取県）を訪れた。そんな時には必ず、牛が放牧されている牧場で車を停めた。黒と白のブチ模様の乳牛が何頭も放牧され、青々と茂った草を食《は》んでいた。何ともさわやかで牧歌的な光景に見とれ、三枝はふとのどの渇きを覚えた。

売店で普通の牛乳を手にした三枝は、その横にさりげなく置かれていた「バナナ牛乳」に気がついた。「果たしてバナナの味がするのだろうか」。三枝はバナナ牛乳を注文し、渇いたのどに流し込んだ。

バナナの持つ甘みと牛乳の濃いコクがマッチした絶妙なフルーツの味わいに、三枝の味覚は特上の合格点をつけた。

のどが渇いていたこともあって美味しさが普段以上に感じられたのだろうが、そのことを割り引いてみても、商品としてお客さんに提供する価値があると、咄嗟《とっさ》に思った。

翌日、出勤した三枝は早速、食品担当者を呼び出し、バナナ牛乳を仕入れて店頭に並べるように指示を出した。すると、大山のバナナ牛乳は一週間後には商品棚に並んだのである。

北へ南へと、行動派の三枝は全国津々浦々、変幻自在、実にいろんなところに出かけていった。

運転が好きな人にとって、知らない土地のドライブは魅力的だ。

ある日、三枝は根室《ねむろ》市内でレンタカーを走らせていた。根室といえば、北海道で一番東に位置し、漁港を有する町でハナサキガニなどの水産加工業が営まれている。

空腹を覚えた三枝は、立ち寄ったガソリンスタンドで、「どこかこの辺で、食べるところはないかな?」と店員に尋ねてみた。

「お客さんはこちらの人?」

「いや、大阪から来たんだ」

「大阪ですか。そんな遠方から来た人に自慢するようなお店はないけど、大衆食堂だったらこの道をまっすぐに走って五分もすれば見つかりますよ。看板に◯◯と書いてあるから、すぐに分かりますよ、きっと」

「ありがとう。それじゃ、その店に行ってみるよ」と店員に礼を言って、車を走らせた。

五分も走ると、店員が教えてくれた大衆食堂と思《おぼ》しき建物が見えてきた。立派なレストランではなく、どこにでもあるような木造の店構えだった。入り口の繰り戸《くど》を開けると、「いらっしゃい」という店主のくぐもった声が響いた。

背もたれのついたパイプ椅子に腰かけ、壁に並んだメニューの張り紙を眺めた。
カレーライス六百円、焼き魚定食七百円、てんぷら定食七百円、海鮮丼九百円……など
と値段が示されている。「さて、何を食べようか。せっかく遠路、北海道までやって来た
のだから、ここでしか食べられないものを味わいたいな」と考えあぐねていた時、ふと壁
の端を見ると「ウニ丼千八百円」の張り紙が目に入った。
「えらく高いな。ほかのメニューに比べて二倍以上もするのか」と思ったが、「待てよ。
こんなに高いのだったら、ひょっとして美味しいのではないか」という疑問と期待が芽生
えた。「大将、ウニ丼をひとつ！」と注文した。
十分も待たずに運ばれてきたウニ丼は、丼茶碗の一面に鮮やかに黄色いウニが敷き詰め
られていた。厚めに盛られたそのウニを掬《すく》い取って口に含むと、獲れたての何とも新鮮な
甘みと濃厚なうまみが三枝の味覚を揺らした。
「こんなに旨いウニ丼は生まれて初めてだ」と、快《こころよ》い感慨が脳裏に突き上げた。ご飯粒
も一粒残さずに完食した。
その感動を胸のうちに封じ込めて、大阪に戻った。
社長室に食品売り場の幹部社員を呼んで、北海道旅行の顚末《てんまつ》を告げた。
「長い間生きてきて、あんなに旨いウニ丼を食べたことがない。感激するほど旨かった。

君はそんな経験があるかい。ぜひ、あのウニ丼をうちの百貨店に出店してもらいたい」と命じた。

幹部社員は「分かりました、社長。ところでそのお店、何ていう屋号ですか」と尋ねた。

「覚えていないよ」

「えっ？」

「根室へ行って探し出せ」と難題を課した。

幹部社員は途端に表情を曇《くも》らせた。「社長、そのお店、本当に大丈夫なんですか？　当社に入店してもらうには、創業からの歴史があって、資産内容も十分調べてからでないと……」という幹部社員の話を途中で遮って、三枝は「そんなことはどうでもええ。地元でそれなりの伝統があって、長く愛されている食品が悪いものであるはずがないやろ」と断じて、即刻、幹部社員を根室に出張させた。

そして、三枝が絶賛したウニ丼もまた、数週間後には阪神百貨店の売り場に並び、グルメ客が列をなすのである。

全国から旨いものを集め、さらにそれにさまざまな演出をほどこし、徹底して客が楽しめる売り場にする――三枝の狙いは的中し、売り場改革を始めて二、三年が経過すると「阪神百貨店の食品売り場は楽しいね」という噂《うわさ》が三枝の耳にも届くようになった。ライバルの阪急百貨店を通り越して阪神にやって来る買い物客が徐々に増えてきたことに、三枝は内心ほくそ笑んだ。

こうなると売り場に活気が出てくるのである。食品売り場で働く社員の目つきが変わってきた。工夫次第で食品がどんどん売れることに味を占め、仕事を楽しもう、売り上げを伸ばそう……という積極的な姿勢が自然発生的に広がった。

忘れられない飛驒牛に関するエピソード

平成十四（二〇〇二）年九月、三枝は岐阜県飛驒市古川町《ひだしふるかわちょう》を訪れていた。古川町に縁がある知人の愛知県立芸術大学教授、布施伸介《ふせしんすけ》から「古川町には面白いお祭りがあるから、機会があればぜひ一度、お訪ねください。貴重な体験ができますよ」と勧められていた。

半信半疑ではあったが、勧めに従って三枝は古川町を訪ねた。周囲を山々に囲まれた数軒の農家しかない小さな集落。そこには鎮守の神様、白山《はくさん》神社があり、偶然にもその宮司と知り合った。

想像していた以上に小規模な神社であったが、お祭りが始まり宮司による神事が行われた後、「数河獅子《すごうじし》」という舞いが奉納された。鉦《かね》や太鼓《たいこ》に合わせ獅子が激しく体を動かして踊る舞いで、岐阜県の重要無形民俗文化財に指定され、わざわざ東京から民俗学者らが見学に訪れていた。

祭りは午後四時半に終わり、さて、これからどうして時間を潰《つぶ》そうかと思案していると、宮司が「三枝さん、これからが面白いのですよ」と、笑顔で語りかけてきた。「何が面白いのですか」と尋ねると、「きょうという日は、周辺の民家は雨戸も窓も開け放し、誰が訪ねてきても山海の珍味でもてなしてくれます。さあ、お好きな民家をお訪ねください」と言う。

白山神社の祭りの日は、客人を神様とみなし最高の料理を用意してもてなす習慣があるという。

「どこの家でも大歓待をしてくれるんですよ。誰もどこから来たのか、あなたは誰か……なんていう野暮なことは一切聞かないのです。さぁ、私と一緒に行きましょう」

三枝は宮司に連れられて見ず知らずの区長の家に上がり込んだ。

突然の訪問にもかかわらず「さぁさぁ、こちらへ」と大きな広間に通され、「好きなものを召し上がってください」と皿と箸《はし》を手渡された。周囲を見回すと、五十人ほどの村人たちが、飲めや歌えやの大宴会を繰り広げている。自分のような部外者が、ここの村人に交じって飲み食いさせてもらうことは失礼ではないのかと自問したが、山海の珍味が盛られた大きな皿を前に「遠慮は無用です。どうぞ、どうぞ」と勧められ、三枝は目の前のご馳走《ちそう》に舌鼓を打った。

三枝をこの場に連れてきてくれた宮司も、村人たちと楽しそうに歓談していたが、「はて、こんな田舎《いなか》の神社で宮司さんに、果たしてどれほどの収入があるのだろうか」と、ふと気になった。三枝は宮司の耳元で「大変失礼ですが、宮司さん、あなたは一体どうやって生計を立てておられるんですか」と尋ねてみた。

すると宮司は三枝の方に向き直り、にっこり笑って答えなかった。

一方、隣り合わせた若い男性が三枝に話しかけてきた。

名乗らないのも失礼かと思い、「私は三枝輝行といいます。大阪から来ました。百貨店の経営をしています」と自己紹介したうえで、「あなたは……？」と、尋ねてみた。

「山村勇人《やまむらはやと》といいます。牛を飼ってます」

それを聞いた途端に、三枝の脳裏に電流が走った。

実は、この区長宅で提供されている、まるでとろけるようなコクのある牛肉の味覚に、三枝の舌はすでに翻弄《ほんろう》されていたからである。

「もしかして、ここで出されている牛肉は、あなたのところのものですか」と聞かずにはいられなかった。

「そうです。僕は八百頭の牛を飼っています」

それを聞いた三枝の頭の中は、即座にビジネスモードに切り替わった。

「こんなに美味しい牛肉は食べたことがない。ぜひ、うちの百貨店に卸してほしい」

三枝は熱心に頼み込んだ。

「それは無理ですよ。百貨店に回す余裕なんて、全くありません」

「いや、少しでいい。ほんの少しでいいので……」と食い下がってみたものの、「それはできませんよ。申し訳ありませんが、絶対にできませんから」と、山村は三枝の依頼をきっぱりと断った。

断られても「はい、そうですか」と引き下がらないところが三枝の持ち味である。

「何とか、ここの牛肉を仕入れて阪神百貨店で販売したいものだ。きっとファンができるに違いない」

三枝は心の中でそう願った。

宴席ではまた、高齢の男性とも知り合った。

年齢を尋ねると、自分は九十歳を過ぎたと明かした。

この好々爺が、静かに口を開いた。

「三枝さん、あなたは〝野麦峠《のむぎとうげ》〟の話をご存じでしょう」

〝野麦峠〟とは、映画にもなった山本茂実《やまもとしげみ》著のノンフィクション作品『あゝ野麦峠』のことである。

岐阜県飛騨地方の貧しい農家の女性たち、そのほとんどが十代であったが、厳寒の雪道の峠を越えて製糸工場に出稼ぎに行く〝女工哀史〟の物語である。

「この村はね、昔、貧しかったんですよ。村から紡績工場へ働きに出た女工たちが家族に宛てて仕送りをする。その仕送りの金で村人たちは生きてきたんです」と、続けた。

低賃金、長時間労働に甘んじた若い女性たちが自分たちの青春をすり減らし、身を削って得たわずかな収入を実家に送金し、その収入で糊口《ここう》をしのいだかつての村人たちの姿が瞼《まぶた》に浮かぶようだった。

区長の家で開かれていた大宴会が終わり、その夜、三枝はゴルフ場のクラブハウスに宿泊した。素朴な村人たちが暮らすこの地域には、ホテルや旅館のような立派な宿泊施設はなかった。

翌日、世話になった宮司を訪ねて挨拶《あいさつ》をすると、「三枝さん、よかったらわが家に立ち寄られませんか」と、誘いを受けた。「この宮司の暮らしぶりはどんなであろう。老爺《ろうや》から昨夜、野麦峠の話を聞いた印象からして、この村の宮司もきっと質素につつましく暮らしているのだろう」と思いを巡らせて、三枝は誘いに応じた。

山奥にある白山神社。合掌造《がっしょうづく》りの茅葺《かやぶき》の玄関に案内されると、そこに芳名帳が置かれていた。「せっかく遠路お越しいただいたのですから、三枝さんも記帳してもらえませんか」と言われ、帳面を繰《く》るとそこには歴代の日本の総理大臣の名が並んでいた。

「おやっ！　これは、すごい。こんな記帳はこれまで見たことがない」と、まず驚いた。「今となっては首相の名前が誰であったか思い出せないけれど、確かに幾人もの総理大臣の名が連なっていた」と、振り返る。

そして、「こちらへどうぞ」と茶室に通され、そこで一服献上された。

田舎の神社の宮司宅としては、えらく格式が高いと感じた。

宮司は「実はね、三枝さん、私は伊勢《いせ》にある皇學館《こうがっかん》大学の理事長を務めております」と明かした。名前は上杉千郷《うえすぎちさと》。狛犬《こまいぬ》の研究家としても知られ、「私の父は米ＬＩＦＥ誌の表紙を飾ったこともありました」という家柄であったことを、三枝はこの時初めて知った。

前日、上杉に向かって「あなたはどうやって生計を立てているのか」と失礼千万な質問をしたことが恥ずかしく、三枝はただ恐れ入るばかりであった。

売り場の成否を司るもの

大阪に帰った三枝は早速、食品担当役員の岡村滋夫《おかむらしげお》を社長室に呼んだ。岡村は食品畑一本で仕事をしてきただけに、生鮮食品から和洋菓子までさまざまな食品に対する知識やこだわりは確かなもので、阪神百貨店きってのバイヤー（仕入れ担当者）であった。それだけに三枝は岡村を信頼していた。

「飛騨牛を知っているか」

「そりゃ、勿論存じています」

「大変美味しい飛騨牛を見つけた」

「どちらで見つけはったんですか」

「岐阜県の古川町数河《すごう》というところだ。そこで山村勇人という飛騨牛を肥育している人と知り合ったけれど、あの肉は柔らかくコクがあって絶品や。『百貨店に回すほどの量はない』と断られたけれど、何とかして仕入れてきてほしい。ほんの少しだけでもいいから」

「社長はいつも無理難題を私に仰る」

「阪神の食品といえば、岡村をおいてほかに人材がおらんからや。とにかく、すぐに行って、どうにかしてもらって来い。ＯＫしてもらえるまでは帰ってくるな」

三枝は苦笑いを浮かべて岡村に命じた。

三枝の命《めい》を受けた岡村は、早速、古川町に飛び、交渉に当たった。

「大阪の百貨店さんがいくらうちに言ってこられても、数量に限りがあります。ここでは八百頭しか肥育していないから、いくら頼み込まれてもお分けするのは無理ですよ」と、牛舎の前で山村勇人は岡村に対しにべもなかった。

しかし岡村は引き下がらなかった。粘り強い交渉術は三枝譲りである。

「無理は重々承知していますが、そこを何とか……。うちの社長は言い出したら聞きませんのや。山村さんにお目にかかれたのも何かの引き合わせです。どうか、少量で結構ですから」

「いえ、何度頼まれても、ない袖《そで》は振れません」

「ほんの少量でも構いません」

「いや、何度頼まれても無理ですよ」

「そこを何とか……。うちの社長に『断られました』とは言えないんです。OKしてもらえるまで、帰ってくるなと言われています。どうか、この私をお助けください」

最後は泣き落とし作戦で交渉した末に、山村は「分かりました。もう根負けしましたよ。たくさんはお分けできませんが、ほんの少しでしたら何とかしましょう」と、遂に阪神百貨店に卸すことを承諾してくれたのである。

牛肉の味はもちろん、阪神百貨店に供給してくれることになった山村の心意気にもすっかり惚《ほ》れ込んだ三枝は、再び古川町の山村のもとを訪れ礼を述べた。

「山村さん、このたびはありがとうございます。大阪のお客さんはきっとこの肉を待ち望んでいることでしょう」

山村は「三枝さん、せっかく来られたんですから、牛舎を覗いていかれませんか。ご案内しますよ」と誘った。

牛舎に着くと、山村は一頭一頭の様子を注意深く見て回った。

そして、「おい、きょうは何だか元気ないな。どうした」「鼻水が出てるぞ。風邪でも引いたんじゃないか」などと、まるで可愛いわが子に語りかけるように、優しく声をかけるのであった。

三枝は感心した。八百頭の牛を一頭ずつ、その動静を把握しているのであった。

その牛たちは生まれてから三年八か月から四年でと畜され飛騨牛になるのである。

「山村さん、あなたにとって仕事のやりがいとは一体何なんです？」と、尋ねないではいられなかった。

「この牛舎で肥育した牛たちの八〇から九〇パーセントが五等級の最高品質の牛肉になります。その評価を受けた時の喜びこそが、この仕事のやりがいですよ。すごく可愛がった牛の肉は一〇〇パーセント五等級の最高級肉になりますが、あまり手をかけてやれなかった牛の肉は品質が落ちます。三枝さん、不思議なものでしょう。同じ環境で同じ餌《えさ》を与えて育てても愛情のかけ方ひとつによって、仕上がりの肉質が異なるんですよ」

山村からその話を聞かされた三枝は、はっとした。目から鱗の思いがした。人間の愛情がたっぷりと注がれた牛の肉が最高ランクとなり、愛情不足の牛の肉は品質が劣るとは、思ってもみなかった。「愛情」などという非科学的な概念によって、肉質が左右されるとは……。

思えば、百貨店の売り場も愛情のかけ方ひとつで、繁盛したり廃《すた》れたりする。どうすればお客さんに喜んでもらえる売り場になるかを日々考えて実践し、創意と工夫を凝らす。そんな愛情を持った売り場づくりをすれば、大勢のお客さんが訪れて売り上げもそれに比例して伸びるのであった。

逆に、愛情をかけず旧来のしきたりを踏襲しているだけの売り場は客足も遠のき、売り上げダウンを余儀なくされた。そのことは長年の百貨店人生で、三枝は身に染みて分かっているつもりであった。しかし、「愛情論」を考えるきっかけになったのは、牛に対する愛情の持ちようで、肉質に優劣が生まれることを山村から教えられたためであった。

愛情とは男女間の恋愛になじむフレーズであり、あるいは親が子に注ぐ情愛を表現する言葉であると思っていたが、「対人間」以外のどんな対象にも、その成否を司《つかさど》るものであるということを、三枝は不思議な感覚で思い知った。

こうして、山村の育てた牛の肉は、数量限定ではあったが、阪神百貨店でも扱うことができるようになった。すると、耳寄りなその情報を聞きつけたグルメな芦屋マダムたちが、競って山村の育てた牛肉を買い求めるようになり、すぐに売り切れる人気商品になったのである。

ケーキの売り上げはなぜ下がったか

三枝が阪神百貨店の食品売り場改革に力を入れ始めた時、他の百貨店からは「阪神は一体、何を考えているんだろう。利幅の少ない、儲からない食品にそんなに力を入れても、それほど業績は伸びないのに……」と、懐疑の目を向けられていた。

ところが、バブル経済が崩壊して百貨店の主戦場であった衣料品の売上高がみるみるうちに減少の一途を辿《たど》り、食品が見直されるようになると、「阪神を見習おう」と全国の百貨店関係者らが視察に訪れるようになる。

食品売り場の改革にとどまらず、三枝は店頭に並べられる商品も自ら検品した。その商品はケーキである。

「女性に人気のあるケーキは食品売り場の花形であり、ケーキに定評があると、きっとたくさんの買い物客で賑わうはずだ」というのが、ケーキに目を付けた理由だった。

社長に就任して以来七年半にわたり、毎日ケーキを三個ずつ持ち帰り、自宅で賞味した。

後に医者から「あなた、そんなことをしていては糖尿病になって今に死にますよ」とたしなめられたほどだった。

ある時、評判のイチゴが載ったショートケーキの売り上げがスローペースで下がり始めた。その理由を売り場の担当者に尋ねても「分かりません」「飽きられてきたんと違いますか」などと答えるばかりだった。三枝は「とことん調べろ」と命じた。すると、しばらく経って担当者がイチゴの載ったショートケーキを二つ手にして報告にやって来た。

「社長、調べた結果、思い当たるふしはイチゴです」と、担当者は口を開いた。

「このショートケーキのイチゴ、一度食べ比べてみてください」

差し出されて、三枝はその二つを順に口にした。

「どっちのイチゴが美味しいですか」と問われたが、「分からん。どっちもそれほど味に差があるとは思えん」と素直に感想を述べた。毎日ケーキで鍛えた味覚には自信があったはずの三枝の舌にも、イチゴの味に優劣はつけ難かった。

「実は先に召し上がった方のイチゴが単価六円、後から賞味されたイチゴは十円です。もともと十円だったイチゴを六円のモノにして今、売っています。単純計算で利益が一個につき四円増える勘定です。しかも社長が感じられたように、両者にそれほど差があるとは思えません」

その報告を聞いて、三枝は「すぐに元の十円のイチゴに戻せ」と指示した。

すると、数か月経って売れ行きは回復したのである。

同じようなエピソードは他にもあった。ウナギである。ウナギをはじめとする魚売り場の売上高は、当時、阪神百貨店が日本一であった。ショートケーキと並んでこちらも評判の良かったウナギのかば焼きの売れ行きが、徐々に鈍り始めたのである。

「なぜだろう」と思い、三枝は懇意にしている北新地《きたしんち》の飲食店の大将に電話をして尋ねてみた。この大将は阪神百貨店からウナギなど魚を仕入れてくれていたのである。

「大将、いつも贔屓《ひいき》にしてもらってありがとうございます。ところで、ウナギのかば焼きなんだが……」と言葉を切ると、受話器の向こうから「もしかして、売り上げが落ちてきたんじゃないですか」といきなり図星をさされた。

「なんで分かるの？」三枝は驚いた。

「まぁ社長、一度調べてみてくださいよ」と言われ、三枝は売り場の担当者に早速、調査を命じた。

すると、従来のウナギ一匹の仕入れ単価が千五百円だったのに対し、最近は千二百円と三百円安いウナギを仕入れていたことが分かった。イチゴと同じように三枝自身も両方のウナギを食べ比べてみたが、味に差はないように思えた。

しかし、ウナギに関しても三枝が「元に戻せ」と指示をしたところ、売れ行きは回復していったのである。

食品は味が命であることを、三枝は身をもって学んだ。消費者の敏感な舌は、「手抜き」をすぐに見抜いた。百貨店ではそれが許されないことを三枝は心に刻むのであった。

イチゴに関して、さらにこんなエピソードもある。

ある夜、三枝が帰宅すると三枝の妻、淳子が食卓にデザートのイチゴを運んできた。

三枝は口に入れた途端、「まずい」と感じた。

「このイチゴ、まずいな。一体、どこで買って来たんだ」

「あら、お父さんの百貨店で買ってきたのよ。そんなにまずいの？」

淳子《じゅんこ》は申し訳なさそうに返事をした。

三枝は不意に頬《ほお》を打たれたかのようであった。「まさか」と思った。イチゴなどの果物類も秘書の女性に命じて売り場から取り寄せ、社長自らが味や品質の点検をしていたはずだ。阪神百貨店のイチゴがまずいと思ったことはこれまでに一度もなかった。

翌日、「どうなっているんだ。あんなまずいイチゴを売っているのか」と、売り場の責任者に質《ただ》したところ、実際、妻の言うようにそのまずいイチゴは売り場で販売されていた。

つまり、社長用には売り場で販売する普通のイチゴとは別に、上等のイチゴを献上していたのである。「何をしているのか。それでは全く意味がないではないか。実際に売り場で売っているものをオレに持って来い」と、担当者を叱責するばかりであった。

「まずい」話はまだある。和菓子メーカーから贈られてきたギフトセットの饅頭《まんじゅう》を口にした時、三枝は「こりゃ、まずい」と感じた。こんな商品がギフトとして売られていたのでは、阪神百貨店の名に傷がつくと思い、メーカーの社長を呼び出した。

「三枝社長、何か……？」

「このギフト商品だけど、あなた、自分で食べてみましたか」

「いえ……。しかし、おかげさまでよく売れています」

「よく売れている？　そんなはずないでしょう」

「……」

「じゃあ、ここでこの饅頭を食べてみてほしい」

三枝に促されて、社長は饅頭の包みを剝《は》いで口に入れた。

「どうや、それ、美味しいと思いますか」

「いえ、確かに……」と社長は言葉を濁した。

「よく売れていると報告を受けておられるなら、それはウソです。贈られた人はこの饅頭の味を知って、二度と他人様に贈ろうとは思わない。味も知らないで売っていたのでは、今にしっぺ返しが来ますよ」と、たしなめるのであった。

阪神百貨店名物〝いか焼き〟が売れる理由

阪神百貨店の名物となった食品の代表は、いか焼きである。

いか焼きはもともと昭和三十年代から阪神百貨店で販売されるようになったが、三枝の食品売り場改革に合わせ、「阪神の食品」が注目されるようになると、「阪神といえば、やっぱりいか焼きやな」と、再び人気が急騰。イカの入ったお好み焼きのような食べ物で、一枚百五十円程度と価格も手頃で庶民の味方であった。

阪神百貨店のホームページによると、「大阪の味〝いか焼き〟はイカの姿焼きではなく、大阪の食文化と言われる〝粉もん〟の一つ。秘伝のダシとこだわりの小麦粉、歯ごたえのあるカットしたイカを練り合わせ、上下高温の専用鉄板で挟んで一気に焼き上げます。それに控えめに特製ソースを塗って完成。シンプルな食材・調理ですが、生地はモチモチ。口いっぱいに旨味が広がり、香ばしいソースの味がクセになります」と紹介されている。

つまり、いか焼きとは粉もん文化を愛する関西人の口に合った、庶民派を代表する食べ物で、ソースの味がクセになったファンが、列をなして買い求める阪神名物だ。「並ばないと買えない」ということが話題になり、一日に一万二千〜一万三千枚も売り上げたお化け食品。「いか焼きとタイガースは阪神」というのが、関西人の常識になったほどだ。

もう一つの名物は「御座候《ござそうろう》」。「御座候」とは、回転焼きまたは今川焼きといわれる和菓子で、小麦粉をベースとした生地に餡子《あんこ》を入れて焼き上げる、こちらも庶民派を代表する食品である。御座候は兵庫県姫路《ひめじ》市に本社を置く会社が、関西一円を中心に全国で販売している回転焼きで、阪神百貨店のみならず各百貨店やショッピングセンターなどに出店。関西人なら誰もが「御座候」といえば思い浮かべる餡子入りのほかほか饅頭だ。

その御座候の売り場で、阪神百貨店にだけなぜか長蛇の列ができるという謎めいた評判が立った。

本社の姫路市から小麦粉や餡子などの材料を持ってきて、実演販売をするスタイルは、どこの店舗でも同じはずなので、阪神百貨店だけが特別であるはずがなかった。それなのに、行列ができるのは不思議であったが、「阪神で買う御座候は他の百貨店で買うよりも旨い」と噂されたのである。

その理由について、考えられることはこうだ。

阪神百貨店では次から次に御座候を買い求めに来るお客さんが後を絶たないため、絶えず新鮮な小麦粉を使って生地をつくる。それが、美味しさの秘訣《ひけつ》ではないかと推測された。いずれにせよ、「阪神の食品売り場がよくなった」ことが認知されるようになると、食にまつわるさまざまな局面で好循環が生まれた。

「大福五百個を売り場に積み上げろ」

三枝自身のアイデアがヒットを生んだ事例もある。

ある時、大福餅を大々的に売るキャンペーンが始まることになった。さて、どうすれば顧客にインパクトを与えられるか、売り場の関係者はそれぞれに知恵を絞った。「いろんな種類の大福を並べて試食してもらおう」「美味しそうなチラシを撒《ま》いて甘党のお客さんを呼び込もう」……。

ところが、三枝が考えて出した結論は「大福五百個を売り場に積み上げろ」だった。

「えっ、五百個も積み上げるんですか」と、担当者は驚いて目を白黒させた。

「そうや。大福一つだけだと何のインパクトもないけれど、五百個もの山になるとその数に圧倒されてお客さんはきっと感動して買うはずや」

感動を与える売り場づくりに徹しようというのが、三枝の信条だった。

五百個を積み上げると、高さは約一メートルになった。

果たして、三枝の読み通り、菓子売り場には大勢の和菓子ファンが詰めかけ、我も我もと先を争って大福を買い求めたのであった。

食品売り場を改装し三十坪（約百平方メートル）のスペースが空いたことがあった。この空きスペースを何の売り場にするかを巡って、いろいろな意見が出た。議論の末、売り場の担当者の間では「惣菜の売り場にすべきです。百貨店で惣菜を買って帰るＯＬや独身サラリーマンが増えているから、きっと売り上げアップが期待できます」という意見に集約された。

しかし、三枝はその意見を遮った。

「だめだ」

「それじゃ、社長は何の売り場にするおつもりなんですか」

担当者は三枝に詰め寄った。

「果物の売り場にしろ」

三枝は毅然《きぜん》と言い放った。

担当者らは呆気《あっけ》にとられた。百貨店の果物売り場といえば、せいぜい病院にお見舞いに行く時のギフトとして利用されるくらいであり、いつも静寂を保っていた。

「社長、お言葉ですが、果物は売れない食品の代名詞です。せっかく空いたスペースを、何もそんな売れない果物の売り場にしなくても」と、担当者は色をなして反論した。

「いや、果物売り場や。果物をドーンと広げよ。ただし、ギフトはどうでもいい。ギフトではなく、消費者が買って帰って食べたくなるような、安くて美味しい果物を取り寄せて陳列するんや。いいか、これは社長命令や」

三枝は最後に社長の権限で空きスペースを果物売り場にするよう厳命した。

三枝の考えはこうだった。「百貨店の果物は売れない」という既成概念に誰もがとらわれているが、スーパーの食品売り場を見ていると、入り口近くの目立つ場所で果物が販売され、現に多くのお客さんが買い物かごにイチゴやリンゴ、バナナなどを入れて店内を回遊している。だったら、百貨店でも同じような売り場をつくれば売れるに違いない。つまり、既成概念、固定観念の打破である。

ところが担当者に、そんな発想はなかった。

果物イコール病院見舞いであり、いくら頑張ってみたところでそれほど売れるものではないという図式が担当者の頭の中にこびりついていた。

三枝の発想は最初からその図式、即ち既成概念を打ち崩すところから始まっていた。

「果物」というと確かに病院見舞いのイメージだが、「フルーツ」と言い換えるとどうだろう。甘いもの好きの女子に受けそうな匂いが漂う。そしてフルーツの近似値には「スイーツ」という言葉がある。メロンやイチゴなどのフルーツをたっぷり使ったスイーツというフレーズが市民権を得て、若い女性らの人気を独占しだしたのは、三枝が果物売り場を発想した後のことであった。三枝は果物の持つ潜在力に対しヒットの予感を確信していたのである。

病院見舞いという用途が決して悪いわけではないが、必要のない人は訪れない売り場だった。しかし、百貨店側の売り方ひとつで誰もが気軽に立ち寄る売り場に変えることができる。その手法に注目し、埋もれていた果実の潜在性に目を凝らし、その真価を掘り起こしてメジャーな売り場に押し上げる、マーケティングに基づいた工夫を、三枝は実践したに他ならない。

埋もれた真価を掘り起こすという作業は、油田を掘り当てるビジネスに類似している。油田開発では、ボーリングによる地下の構造や地質調査に始まり、音響や人工地震による震動の伝わり方を精査するなど科学的な実証を重ねて、運が良ければ油田に辿りつくことができる。

眠っている商品の真価を見極めるのは、油田開発のような精度の高い科学的検証を必要とはしないが、「お宝を掘り当てる」という意味ではニュアンスが等しい。

こうして、これまでわずか三坪だった果物売り場は、一気にその十倍の広さになり、メロン、イチゴ、オレンジ、バナナ……が、食欲をそそるように店頭に飾り付けられて日の目を見ることになった。

結果は瞬く間に表れた。果物売り場の改装初日から、売り上げが急増したのである。三枝は言う。「衣料品は売れ残ればメーカーに返品すればいいが、食品は売れ残ると捨てなければならない。売れるか、売れ残るか、結果はすぐに出る。その意味で食品のマーチャンダイジングこそ商売の基礎である」。それだけに、食品売り場は毎日が真剣勝負の場であると、三枝は信じている。

「マーチャンダイジング」とは、小売業者や流通業者が市場調査に基づき、仕入れや販売方法、価格設定などを適切に行い、顧客のニーズを満たすマーケティング戦略のことである。先に述べた油田開発における科学的検証と、三枝の言う食品のマーチャンダイジングは、共通の響きを持つ。

時として破天荒で大胆に見える三枝の手法は、実はモノの真価を捉《とら》えるというマーケティング理論を踏み台に、創意工夫を凝らして導き出した緻密《ちみつ》で論理的な考察の帰結なのであった。

〝参謀〟に恵まれるかどうか

そんな食品売り場改革に情熱を傾ける三枝の右腕として、三枝を支えたのが担当役員の岡村滋夫である。岡村が三枝の命を受けて飛騨牛の仕入れに岐阜県飛騨市古川町に飛んだことは前述したが、司令塔である三枝の意向を汲《く》み取りそれを実践する役回りを演じた。こうした即応体制が整っていたことが成功の大きな要因であったことも、デパ地下ナンバーワンのサクセスストーリーから透けて見える。つまり、指揮官と参謀のコンビネーションの勝利である。

いくら優れた経営者であっても、そんな〝参謀〟に恵まれることがなければ、発揮されるべき経営手腕は埋もれてしまう。その意味で、若い頃から食品畑で経験を積み、生鮮から和洋菓子まで食品のことなら何でも知悉《ちしつ》していた岡村は、三枝の右腕に打ってつけの逸材であった。

岡村は取引先の食品メーカーからも「岡村さんがそう言うなら仕方がない」……と言われるほど、絶大な信頼を得ていた。

岡村は高卒のいわばたたき上げ社員であったが、三枝は「学歴なんて関係ない」として、岡村を梅田本店の店長に抜擢《ばってき》したことがあった。

環境が変わると、普通、人間の行動パターンは二つに分かれる。一つのパターンは、水を得た魚のように新しい環境で活躍しまくるタイプである。もう一つのパターンは、環境に慣れないままに低空飛行を余儀なくされてしまうタイプだ。

果たして、岡村は後者であった。店長に就任してみるみる精彩を欠くようになった。店長になると得意の食品のみならず、担当したこともないような紳士服、婦人服、リビング雑貨など取り扱う商品全ての責任を負い、売上高の推移に絶えず目を光らせていなければならない。長年の食品担当で培《つちか》った経験は、どうやら店長職には向いていなかった。店長になって二か月も経つとその重圧から岡村の目は窪み、やせ衰えるようになった。

「これでは岡村がもたないな」と判断した三枝は、店長にしてから半年後にその職を解いてすぐに食品担当に戻した。しかしそれは、決して降格人事ではなかった。

食品担当に戻ると、岡村はまた、生き生きと仕事をこなし、業績アップに貢献するようになった。

三枝はそんな〝食品の岡村〟に信頼を置き、岡村と二人三脚で一ピース、そしてまた一ピース……と、精緻《せいち》に部品をはめ込むように「食品百貨店」を完成させていくのであった。岡村は在職中から体が弱く、三枝には岡村が薬ばかりを飲んでいた印象が残っているが、定年退職した後にしばらく経って亡くなったことが、三枝には戦友を失ったように残念に思えた。

外側からの視線で仕事を眺める

三枝はビジネスマンの信条として、人におもねらず、少し離れたところからの目線で仕事を眺めることを旨《むね》としてきた。内側の人間には決してならないのである。

外側からの視線で仕事を眺めると、いい点も悪い点もよく見えてくる。

それは即ち、固定観念にとらわれないこと。「経験は大事だが、経験に縛《しば》られると前へ進めない」と、三枝は言う。

岡山県の鷲羽山《わしゅうざん》に妻を伴って旅行した時の話である。とあるホテルで食事を済ませ、車に乗って出かけようとすると、フロントの脇でケーキが売られていた。「ホテルでケーキ」はよくある光景だが、よくよく見ると、ケーキのケースの上にコロッケが並べて売られている。

眺めていると、ケーキはちっとも売れずに、コロッケを買い求める客が引きも切らない。「このようなホテルでケーキを売るのは普通だが、コロッケを売るとは面白い」。その光景を見た三枝のビジネスセンスがビビッと反応した。

さっそく妻の淳子に「コロッケ十個買って来い」と命じて、一個を口に入れてみたが、「それほど美味しいわけではない。普通のコロッケや」と感じた。しかし、コロッケ売りの発想は、普通の感覚では出てこないと思った。ビジネスマンの経験値ではホテルのフロントでコロッケを売るなどということは、まず否定するはずであった。このホテルを経営していたのは、岡山県に本社を置く百貨店、天満屋《てんまや》であった。

大阪に戻った三枝は早速、天満屋の社長に電話をかけて「ホテルでコロッケを売っていることをご存じか」と尋ねてみた。社長は「知らない」と答えた。

そこで三枝は「コロッケを売ることを提案した社員を褒めておいてほしい。発想の転換を実践するお手本みたいだった」と、伝えた。

デパ地下ナンバーワンに

三枝が社長在任中に先頭に立って全力で取り組んだ食品売り場の改革は成果を上げ、社長を退任する平成十七（二〇〇五）年には売上高約一千億円のうち食品が約四割を占めるようになっていた。阪神百貨店は、いつしか「デパ地下ナンバーワン百貨店」と呼ばれるようになる。

実際、他の大手主要百貨店の売上高に占める食料品の比率（二〇一八年）を調べてみると、髙島屋約二八パーセント、大丸（心斎橋店）約二〇パーセント、三越伊勢丹《いせたん》ホールディングス約二五パーセント、そごう・西武《せいぶ》約二一パーセント、電鉄系の近鉄百貨店は約三五パーセント……。そして全国平均では三割弱……という中で、阪神の食品ウエイト約四五パーセントは抜きん出ている。

インターネットで阪神百貨店を検索すると、ウィキペディア（誰もが閲覧、執筆できるネット上の無料の百科事典サービス）に、「梅田本店の食品売場の人気は高く『日本一のデパ地下』（地下食品売り場）と呼ばれることもある」という記述が見つかる。何をもって日本一とするかという基準はひとつではないだろう。そのためか、日本百貨店協会（東京）に照会してもデパ地下ナンバーワンを客観的に裏付けるデータはなく、当の阪神百貨店も「当社から〝デパ地下ナンバーワン〟と発表したことはない」と予防線を張るが、協会の関係者も「阪神百貨店さんがデパ地下ナンバーワンという話はよく耳にする」と、話す。

実際、阪急電車を降りた多くの客が阪急百貨店の前を素通りして阪神百貨店の食品売り場に吸い込まれていくさまを目にした時、三枝は心中でさぞや「やったぞ」とばかりに快《かい》哉《さい》を叫んだに違いない。狙い通りに平幕力士が横綱を倒して金星を射止めたことに他ならないのだから。

比類なきアイデアと行動力で〝弱者の兵法〟を実践に移し、的確な勝負勘で大胆な改革に打って出た経営者、三枝輝行とはまさに異色のサラリーマン社長に違いない。

では、そんな「デパ地下王」三枝の優れた資質はどうして培われていったのか、それを第二章以降で解き明かしていこう。

第二章

独立独歩

三枝は昭和十五（一九四〇）年十一月、兵庫県加西市《かさいし》で生まれた。生まれた翌年には、第二次世界大戦が勃発し、「母に頭巾を被せられ、防空壕に逃げ込んだ」ことをうっすらと覚えている。応召《おうしょう》した父親の二郎《じろう》は海軍に属し、軍歌「さらばラバウルよ」で知られる南方戦線に従軍した。

南方から帰還した父の勤務地は、温泉で有名な大分県別府市《べっぷし》にあり、終戦直前に父と面会するために母の廣子《ひろこ》と数回別府を訪れた。

海軍には羊羹《ようかん》があった。甘くて美味しい羊羹の味が幼な心の記憶に残る。

そして終戦間際に、父は生還した。

戦後は日本国中が食糧難に見舞われた。三枝には、自宅にあったクレヨンや母の着物などを農家へ持って行って、米などの農産物と物々交換してもらった記憶が残る。

しかし、次第に戦後日本も復興を遂げるとともに、復員した父、二郎はバス会社の経営に乗り出すようになって、三枝家は貧困生活から抜け出し、暮らしも上向いていく。

ところが、その矢先、母・廣子が当時、不治の病と恐れられた結核《けっかく》に罹患《りかん》した。当初は風邪だと思われていたが、いつまで経っても咳が止まらない。診察してもらうと結核と診断された。

三枝が小学校二年生の時に、廣子は兵庫県三田《さんだ》市内の療養所に入院した。それ以来、三枝は週に一度、父、二郎の運転する車に乗って廣子を見舞いに行くようになる。療養所は松林に囲まれた寂しい山間の地にあった。

六十年余を経ても忘れえぬ想い出

三枝には兄弟姉妹がおらず一人っ子だった。

学校から帰っても、「宿題をしなさい」「夕ご飯を食べなさい」と世話を焼いてくれる母は不在で、たった一人で、夜の八時、九時……まで、父の帰りを待つのが日課になった。父は疲れて帰宅した後も、夕食の用意をして三枝に食べさせた。

時には、近所の子供たちともめ事が起きて、子供たちの父母が三枝宅まで文句をつけにやって来た。

ご近所さんは玄関先で「お宅のお子さんねぇ、うちの子に怪我をさせたんですよ」と、えらい剣幕でまくしたてた。そんな時、父、二郎は三枝をかばって口論することもなく、「申し訳ない。輝行にはよく言って聞かせますから、きょうのところは勘弁してください」と、ただひたすら頭を下げた。近所の父母たちが引き上げていっても、「こらっ、輝行……」などと三枝を叱ることはしなかった。父が自分を叱らないことを、三枝少年は無言の圧力に感じ取ったのかもしれない。自分のすることで父には迷惑をかけたくないという思いが芽生えていったのであろう。

「父の姿を見て、幼な心に、他人に頼らず何でも自分でする性格が身についたのだろう」

三枝は振り返る。

三枝は母が元気になって退院してくる日を心から待ちわびて暮らしたが、小学三年、四年生……と進級しても、母の病気は一向に良くはならず自宅に帰ってはこなかった。

小学五年生になった夏休み、父は三枝を連れて旅行に出かけた。

後にも先にも、父との旅行はこれが最初で最後になった。

旅先は上高地《かみこうち》。長野県西部にある景勝地だ。父に連れられバスに長時間揺られた三枝は、尿意を催したことを覚えている。今にもちびりそうなほどであった。

たまりかねて、「父さん、おしっこ」と訴えた。

子供にそう言われても、路線バスを停めるわけにはいかない。

困った父は「もうすぐやけど、我慢はできんのか」と、問うた。

「うん」

そんな親子の会話を聞いていた近くの乗客が、「子供やからしょうがないわ。ボク、この瓶《びん》の中にしておき」と言って、空《から》の一升瓶を差し出してくれた。

父、二郎はその乗客に「そんな、はしたないことは……」と言いかけたが、乗客は「子供のことだから、誰も咎《とが》めたりはせんよ」と笑って答え、三枝は差し出された一升瓶に放尿したことを思い出す。その時の下半身の支《つか》えがとれて解放感に満ちた感覚は、未だに忘れられない。

兄弟のいない三枝にとって、父との、たった一度の旅行は、六十年余を経《へ》た今も忘れられない貴重な経験であった。

自助の精神

旅行から戻った翌年、母の廣子が退院をして自宅に帰ってきた。三枝は六年生になっていた。「よかった。治るんだ」と、三枝は安堵した。

ところが結核が完治したわけではなかった。入院生活が長引いても治療の効果がみられず、自宅で療養することになったのである。医者に見放されたのだ。もはや、寿命が燃え尽きようとしていた母は布団に寝たきりであった。

それでも三枝にとって母親が自宅にいることは嬉しかった。

病状は進行し、長い間会話することは体力的に無理であったが、自宅に母がいるという事実は小学生の心を満たした。

しかし、母は次第に衰弱していった。

定期的に医師が往診してくれたが果たして回復することはなく、一年後、遂に廣子は帰らぬ人となった。まだ三十八歳、穏やかな死に顔に、三枝には悲しみがこみ上げた。美人であった。子供心に三枝には美しい母が自慢であった。

母は死に顔も美しかった。言いようのない寂しさがじんわりと三枝を襲った。

ふと見ると、母の棺《ひつぎ》のそばで父、二郎は声を殺して泣いていた。

三枝は父の泣く姿を初めて見た。母の治療のためであればと、父が全財産を使ったことを知り、父が母親をどれだけ大切に思ってきたかを改めて心に刻んだ。その姿を目の当たりにして、三枝少年は「この父にはこれからどんなことがあっても迷惑をかけられない」と改めて誓うのである。

妻を亡くした父はバス会社の経営に没頭して、夜遅くに帰宅するようになった。

母の死を忘れようとするかのように、仕事に打ち込んだ。

一方で母を亡くした三枝は、身の回りのことはたった一人で何もかもをこなさなければならなかった。

中学二年になった三枝は、ある時、父が再婚すると聞かされた。

「えっ」と驚いた。あれほど母の廣子を思って泣いた父が別人のように思えて、疎《うと》ましかった。

しかし、再婚の道を選ぶのも父の人生であった。自分が「厭《いや》だ」と反対してみたところで、それは筋違いである気がした。

継母は康子《やすこ》といった。思春期の少年は、継母とはそりが合わなかった。それは実母のことが大好きであったことの反動であるに違いなかった。父の再婚相手とは分かっていても、血縁関係のない女性が母の座に納まったことが、少年には面白くなかった。

多感な中学生にはどうしても「お母さん」とは呼べなかった。

自宅に帰ると継母がいるという現実から逃避したかった。

高校生になった夏休み、自宅から離れた山里に久学寺《きゅうがくじ》という寺があることを知った。赤穂義士《あこうぎし》ゆかりの名刹《めいさつ》だが、ひっそりとした山奥に位置し、三枝はそこに籠《こも》って勉強をすることにした。「寺へ勉強をしに行く」と、宣言して自宅を出た。

久学寺は離れにそんな学生を受け入れていたが、夜が更けると辺りは真っ暗闇に包まれ、鬼が出るか蛇が出るか……と恐れられて、大抵の若者は三日ともたずに寺から退散した。

逆に言えば、それだけ〝お勉強〟に集中できる静かな環境であったのだが……。

三枝が久学寺に籠った初日の夜、部屋の隅に小さく光るものを見つけた。何だろうと目を凝らすと、果たしてそれは睨《にら》み付けるようにこちらを窺う蛇の眼であった。「鬼が出るか蛇が出るか……」と恐れられたが、本当に蛇が出たのであった。

それでも、三枝はめげたりはしなかった。恐怖心はなかった。

久学寺に約一か月間、修行僧のように籠りっきりで勉強に勤《いそ》しんだ。

後に友人から「えっ、あの薄気味の悪い寺によく一か月も居られたな」と、感心された。

父のゲンコツ

高校二年のある日、帰宅した父から進路について三枝はこう言われた。

三枝の父はバス会社の社長として経営手腕を発揮していたが、「俺はお前をうちの会社に入社させるつもりは毛頭ないから、将来は自分で仕事を見つけて生きていけ」と。

三枝だけでなく、父、二郎は血のつながりのある者を一人も自分の会社に入れようとはしなかった。

その数日後、父が社有車で帰宅した直後に、三枝は買い物をするため玄関を出た。すると社有車の運転手が「ボク、どこへ行くの」と尋ねてきた。「そこまで買い物に……」と返事をすると、「そしたら、私も帰り道やから乗っていきなさいよ。どうせついでや」と、優しく車のドアを開けてくれた。

その言葉に甘えて、三枝は乗せてもらった。

ところが翌日、帰宅した二郎は「お前は昨日、会社の車に乗ったやろ」と言うなり、三枝の頭を叩いた。父に手をあげられたことはこれまでに一度もなかった。驚いた三枝が父を見ると、すごい形相《ぎょうそう》で「ええか、会社というのは公器や。たとえ俺の家族であっても、その公器の車に乗ることは許されへん。今後、絶対に会社の車には乗るな」と言い渡した。

それほど二郎は、公私の区別には厳格であった。

「みんなと同じことはしたくない」

高校三年になり大学受験を控えて、志望校を決めなければならない時期になった。

ある日、父方の祖母に志望校のことを話すと、「輝行は遠くへ行った方がいいじゃろ」と自宅を出ることを勧められた。

三枝が継母の康子と決して折り合いが良くないことを身近で感じていた祖母は、大学進学を機に地元を離れ、東京で自由に暮らす方が三枝のためになると判断したのであろう。

その勧めに応じ、三枝もまた東京行きを望むようになった。

選んだ大学は学習院。「皇室の学校」として有名であったが、意外に質実剛健で贅沢《ぜいたく》はしないという教育方針が気に入り、同大政経学部の入試を受け、みごと合格した。

昭和三十四（一九五九）年四月、ちょうど入学式の行われたその月に、皇太子殿下（現・天皇陛下）の結婚式が執り行われ、美智子妃殿下（現・皇后陛下）のお姿が麗《うるわ》しくも眩《まぶ》しく思えたことが、三枝の記憶に残る。

知人に紹介された下宿先は、演出家であり俳優でもあった千田是也《せんだこれや》の弟宅だった。その縁で、六本木にある俳優座によく芝居を観に出かけた。そのうちに演劇人とも親しくなり、新劇出身の有名女優、東山千栄子《ひがしやまちえこ》に可愛がられた。「今度、チェーホフの『桜の園』を公演するから、観にいらっしゃいよ」と誘われて、観劇したところ「何だか辛気臭いお芝居だなぁ」と、つまらなく思ったことがある。

フランス生まれの二枚目俳優、岡田真澄《おかだますみ》とも親しくなった。映画、演劇人に囲まれた学生生活を送ったおかげで、三枝は映画や演劇を年間に約五百本も観賞した。

一方でクラブ活動はアーチェリー（洋弓）部に所属し、練習場のあった銀座のヤマハビル屋上によく出かけた。その頃、洋弓を手にして颯爽《さっそう》と銀座の街を歩くと格好が良く、通行人が振り返り優越感に浸ることができた。軽井沢の合宿にも参加した。照準を定めて的を射貫く快感を何よりも好んだのである。

上背がありスタイルのいい好男子であった三枝はきっと女子学生らにもてたに違いない

が、「大学生活の四年間、彼女はつくらない」と誓いを立てていたのである。

三枝が大学生活を送った昭和三十年代は戦後の復興期を経て高度成長時代を迎える頃。戦時中の逼塞感《ひっそくかん》から放たれて、大学生たちは皆、恋愛遊戯に夢中になった時代であったが、「みんなと同じことはしたくない」と、三枝は頑《かたくな》なまでに女性を身近に寄せ付けなかった。女性に興味を示さない三枝に対し、友人からは「三枝、お前、ちょっとおかしいのではないか」と、不審がられたものである。

そんな幼年から少年へ、そして東京での青春時代を過ごした三枝だったが、実母の早世、一人っ子、厳格な父親……という生活環境に置かれ、他に頼ることのできる人が誰もいなかった三枝には、何でも自ら決断し実行するという行動様式がいつしか備わったのであろう。自分が生きていくうえで大切なことは何か、そのことをある意味冷徹な目で見据えていたに違いない。そして、そんなふうに形成された人格が後に異彩を放ちつつ、リーダーとして経営手腕を発揮していくことにつながるのである。

第三章

入社早々

大学を卒業したフレッシュマンの三枝が阪神百貨店に入社したのは昭和三十八（一九六三）年。もともとは「観光開発の仕事をしたい」と考えていた。とはいっても、大学生の考える志望動機にそれほど深い意味はなく、鉄道の沿線が観光客で盛り上がればいいという程度に思っていた。

「そういえば、阪神電鉄は沿線地域の開発を手掛けていたな」と、ふと思った。そして、知人の紹介で阪神電気鉄道への入社を志《こころざ》したが、その知人から「電鉄よりも設立して間もない百貨店の事業に携わってみないか。これからの百貨店は海のものとも山のものともつかないところがあり、きっと鉄道よりも面白いぞ」と誘われて、三枝の百貨店人生が始まることになる。

阪神百貨店は昭和八（一九三三）年に阪神電鉄の付帯事業として「阪神マート」の名で創業。その後、阪神百貨店に改称し、昭和三十二（一九五七）年に株式会社化したのだった。つまり三枝の入社は、会社ができて六年目ということになる。

まず、会社人生で最初の失敗は入社試験に遅れたことだ。

「しまった、寝坊した」

三十分遅れて、試験会場に着くとすでにスーツ姿の就活生がずらり。みんな筆記試験に取り組んでいた。「これはダメだな。せっかく推薦してもらったのに寝坊で落ちたらみっともないな」と諦《あきら》めていたが、結果は合格した。昭和三十年代の入社試験は、現代の就活とは様相が異なり、おおらかであった。縁故採用で入社する人も少なくなかった時代。半世紀以上も前の三枝の就職事情については今さら検証するすべもないが、恐らく推薦を得た時点で入社は既定路線であったのだろう。

いわゆる当時の「総合職」で入社したのは大卒男子が七人のみ。「総合職」ではない女性社員らは四、五十人採用されたそうだ。

こうして三枝の百貨店人生がスタートしたが、新入社員が受ける研修に、若い三枝は辟《へき》易《えき》した。顧客への言葉遣い、お辞儀の角度、部下の扱い方、売り場の説明……とマニュアル通りの座学が続いた。最初は多くの女子新入社員に交じっておとなしく聞いていたが、「つまらない。分かり切ったことの繰り返しばかりじゃないか」と感じた三枝は研修会場をこっそりと抜けだし、近くの映画館に行って好きな作品のロードショーを観賞。研修が終わる頃に何食わぬ顔で元の隊列に戻ったというから、新入社員にしてすでに〝豪傑〟ぶりを発揮していた。

しかし後年、三枝は思わぬ形でこの座学の大切さを身をもって知ることとなる。

放っておいても勝手に売れる時代の自分の価値とは？

三枝の入社した昭和三十八年は東京五輪開催の一年前にあたる高度成長期。東京五輪は同三十九年十月十日から二週間にわたり東京で開催された日本初のオリンピックで、日本中が五輪景気に沸いた。

戦後景気を振り返ると、分類や年代には諸説あるが、大きな好景気は高度成長期の幕開けを告げた神武《じんむ》（昭和二十九〜三十二年）に始まり、岩戸《いわと》（同三十三〜三十六年）、いざなぎ（同四十〜四十五年）、そしてバブル（昭和六十一〜平成三年）……と続いた。一説には昭和三十七年から三十九年を殊更に「オリンピック景気」と呼び、東京五輪に合わせてモノが飛ぶように売れた時代を示すこともある。

この分類に従うと、三枝が入社した年、世はまさに五輪景気であった。

昭和三十九（一九六四）年の東京五輪では、白黒テレビで日本の選手団が笑顔で行進する開会式の様子が映し出された。女子バレーでは〝東洋の魔女〟と呼ばれた日本チームが金メダルを獲得して日本中が沸いた。男子マラソンで優勝したのはエチオピアの選手、アベベ。テレビも新聞も「はだしの王様」と報じた。アベベ選手は東京五輪に先立つ一九六

○年のローマ五輪をはだしで走り金メダルを獲得していたのだ。東京五輪でははだしではなかったが、「はだしの王様」はアベベ選手を象徴する言葉として伝えられた。

この時のマラソンで銅メダルに輝いたのが、日本の円谷《つぶらや》幸吉《こうきち》選手であった。日本人として円谷の活躍に誰もが歓喜した。ところがその四年後、メキシコ五輪を控えて円谷は「もうすっかり疲れ切ってしまって走れません」の遺書を残して自殺する。その出来事は日本中に大きな衝撃をもたらした。

このように五輪は多くのドラマを生み、国民を熱狂させる装置であった。

そんな一大イベントを前に、国民経済もまた盛り上がりを見せた。

その頃に入社した三枝は紳士用品の売り場に配属された。

新入社員研修では嫌いな座学を適当にさぼるなど不真面目な新人であったが、それでも入社から半年後の十月には、いきなり売り場の主任ポストに就く。実は入社の時から半年後に主任になるのは既定路線と分かっていたが、それでも新入社員が主任に抜擢されたのは、阪神百貨店がまだ新しい会社であり、今でいう「総合職男子」の入社がわずかに七人と少なかったせいであろう。

主任になると、商品の仕入れから販売員の管理まで責任を持たされることになり、百人から二百人（そのほとんどが女性社員）の部下が三枝の下についた。弱冠二十二歳で二百人ほどの先輩女性社員たちを束《たば》ねる立場となる。特に三枝が就いた紳士用品売り場の主任は花形ポストであった。

主任になる前のヒラの新人社員の時は、上司から言われた任務をほどほど適当にこなしていた三枝だったが、主任になった途端、別人のように仕事に打ち込んだ。

学生気分の抜けきらないそれまでは「いかにこの会社を早く辞めてやろうか」などと不《ふ》埒《らち》な考えで勤めていたが、主任の肩書きがつけば「いい加減な仕事はできない」と、気持ちを百八十度切り替えた。そして、ついたあだ名が「鬼の主任」。

部下を厳しく叱りつけて取り仕切った。

朝は早くから出勤した。すると、売り場の片隅で二、三人の女性社員たちがたむろしてしゃべっていた。そのうちの一人はハンドバッグから爪切りを取り出して、パチッ、パチッと爪を切り始めた。その様子を見ていた三枝は「帰れぇー！」と一喝《いっかつ》した。恐れおののいた女性社員は爪切りを仕舞い、「すみません」と言い残してその場を去った。

今ならパワーハラスメントと言われかねないが、当時、部下の監督責任を任された三枝は、自分なりに厳しい職場環境に変えていこうとした。若僧による〝強権政治〟である。

部下になめられては示しがつかないと考え、意に沿わない者は誰かれなく叱りつけた。

三枝が売り場を回ると、女性社員たちは商品ケースの内側で皆震えあがった。

商品の仕入れから陳列、そして顧客のクレーム処理……と、自ら先頭に立ってこなした。ただ、五輪景気を背景に商品は売れに売れた。販売実績は右肩上がりに推移した。

普通なら「鬼の主任」と呼ばれようと、営業成績は好調でめでたし、めでたし。これも自分の手腕であると悦《えつ》に入《い》るところかもしれない。

ところが三枝はそうは考えないのであった。

自分ではなく誰が主任であっても、こんな職場にいるとモノは売れるに決まっている。だったら俺は何のためにここにいるのだろうかと、次第に疑問を抱くようになった。三枝なりに自身のレゾンデートル（存在価値）を問うたのだ。

売れる商品は、「アーノルドパーマー」やジャック・ニクラウスの「ゴールデンベア」のワンポイントが胸についたポロシャツやセーター。そんな商品を仕入れてケースに入れれば、放っておいても勝手に売れた。

「そんなに売れるのなら、自分で商品を企画してつくってやろう」と、考えた。レゾンデートルを突き詰めた結果である。

糸を買ってきてデザインを描き、メーカーに生産を委託した。こうして阪神百貨店ブランドのポロシャツやセーターが完成した。オリジナルブランドである。「せっかく工夫してできた阪神ブランドの商品を阪神百貨店だけで販売しても、たかが知れている。他の百貨店にも売り込もう」と考えた三枝は、北海道から鹿児島県までの主要な百貨店で一室を借りて展示会を催した。

すると、各百貨店のバイヤーが「三枝企画」の商品を気に入り、次々に注文を入れてくれた。約二か月かかって北海道から九州まで百貨店で展示会を実施し、一巡するだけで当時の金額で約一億円を稼いだ。西武百貨店社長であった堤清二《つつみせいじ》から表彰を受けたほどだった。

こうして、ただ待っているだけの売り場ではなく、能動的に商品を企画製作して売り歩く百貨店営業を編み出した。

三週間の出社拒否

ところが、阪神百貨店に戻り売り場に立つと、妙な噂が三枝の耳に入ってきた。

営業の担当役員が三枝の態度にお冠《かんむり》であるという。「三枝は一体なにをしているのか。あいつはちっとも売り場にいないではないか。聞くところによると、全国を飛び回って遊んでいるらしい。けしからんやつだ。大事な紳士用品をあいつに任せるわけにはいかない」と言っている、と聞かされた。

そして実際、紳士用品の売り場から靴売り場に異動させられるのである。

三枝はその処遇に激怒した。自分は阪神百貨店のためにオリジナルブランドの商品を企画し、全国の百貨店に売り込んで現に何億円という売り上げを稼いでいる。それなのに、「あいつは遊んでいる」とは何事か。自分をその程度にしか評価しないのだったら、最早そんな会社に行く価値はないと、考えた。

そして翌日から出社を拒否した。わずか入社二年目の出来事である。

会社に行かずに自宅にいると、一週間が経って係長が訪ねてきた。

「三枝君、意地を張ってないで出社してくれよ」

「いや、私は行かない。私のことをまともに評価してくれない会社に行くつもりなんかない」と、出社要請を断固拒否した。

次に二週間が経って、次長がやって来た。

「三枝君、君はこんなことをしていると、今にクビになるで。頼むから出社してくれよ」

「クビにするんなら、すればいい。私は何も間違ったことはしていない」と、二度目の出社要請にも応じなかった。

すると三週間が経ち、とうとう部長が訪ねてきた。

「三枝君、このまま出社しないでいるとホントにクビになる。君は一体、どうしたら仕事に戻ってくれるのかね？」

「戻る条件は二つです。一つは担当役員が私に謝罪すること。そしてもう一つは、靴売り場から元の紳士用品の売り場に私を戻すこと。この二つの条件を認めてくれたら私は会社に戻ります」

きっぱりと、こう告げた。

常識的に考えると、担当役員が入社二年目の若造に「私が悪うございました」と謝り、左遷のような処遇を白紙に戻すことなど、普通はあり得ない。

部長に条件を告げた時点で三枝は「これで俺はクビだろうな。次の仕事を探さなきゃいけないな」と、腹をくくって覚悟を決めていた。

ところが、三枝の突きつけた条件は意外にも認められ、役員は三枝に「申し訳なかった」と謝罪した。職場も元に戻されることになり、三枝は阪神百貨店に復帰を果たす。

実はこれには理由があった。三枝の部下である紳士用品の売り場の女性社員たちが皆、「主任さんの言ってることが正しい」と三枝を支持し、職場をボイコットするようになったため、売り上げが急にダウンしてきたのであった。普段は「鬼の主任」と恐れられ、三枝が売り場を歩くだけで震えあがった女性社員たちが、窮地《きゅうち》に陥《おちい》った三枝に味方したのである。いくら「コワい主任さん」であっても、三枝の編み出したビジネスモデルが会社に大きな収益をもたらしたことを目の当たりにし、女性社員たちは三枝に一目置いていたのだ。

その現実を見た阪神百貨店の上層部は、三枝を一日でも早く復帰させることが会社にとって得策だという合理的な結論に至ったのだが、このエピソードこそ、若くして三枝の傑物ぶりを示す証左である。

以来、三枝は阪神百貨店の中でも、さらに一目置かれる存在になった。それは当然のことだったろう。何しろ、新入社員に毛の生えたような若手社員がこともあろうに役員に謝罪をさせたのだから、「三枝ってなかなかすごいやつだな」と、社内ではその噂でもちきりだったに違いない。

三枝自身、「これが私の喧嘩人生の始まり」と苦笑して振り返る。

レナウン締め出し事件

こうして三枝は元の紳士用品の売り場に戻ってきた。

売り場の主任として三、四年を過ぎ、仕事にも次第に脂が乗ってきた頃のことである。

紳士用品の売り場を見渡すと、商品の大半はアパレル大手のレナウンのものばかり。レナウンは強者の論理で、自社に有利な条件で阪神百貨店に商品を納入していたが、「売り場面積を広げてほしい」「商品の納入を遅らせてほしい」などと、さまざまな注文を突き付けてきた。レナウン側の責任者は役員であり、売り場の一主任でしかない三枝など、歯牙にもかけていなかった。

　そんなレナウンに対し、常日頃から理不尽であると思っていた三枝だが、ある日、我慢の限界に達した。そして遂に「お宅の要求は聞き入れられない。いやならお宅の商品を全部持って帰ってくれ」と突き放した。レナウンにしてみると、まさか売り場の主任風情《ふぜい》からそんな返答をされるなどとは、夢にも思わなかったに違いない。

　そして三枝は、レナウンに代わるブランドの商品に、一夜にして入れ替えてしまうという大胆な行動に出る。代替ブランドは当時、あまり名が通ってはいなかったが品質に定評があり、意外に売れ行きは好調で、レナウンなき後を十分にカバーした。後に、三枝が発掘したそのブランドは、やがて全国で名を知られるようになり紳士用品だけでなく婦人用品も手掛けるようになって成長した。

　レナウン商品放逐《ほうちく》の顚末《てんまつ》に驚いたレナウン側の役員は「無理な要求を強いたことは申し訳なかった。こちらの要求は引っ込めるので、これまで同様に取引を続けてほしい」と謝りにやって来ることになった。

　アパレル大手のレナウンは創業者の佐々木八十八《ささきやそはち》が明治三十五（一九〇二）年に大阪で事業を始めた衣料品販売の会社で、昭和三十～四十年代には「レナウン・ワンサカ娘」などのテレビCMが受けて一世を風靡《ふうび》。「アーノルドパーマー」や「ダーバン」のブランドを投入するなどして業績を伸ばしたが、バブル経済の崩壊とともに物流設備に対する大型投資が負担となり、次第に業績不振に陥った。そして平成二十二年には、中国系の企業傘下に入る。

扱いにくい部下

三枝は「長いものに巻かれろ」式の仕事術を何より嫌う。理不尽なものには一切妥協せず、自ら正しいと信じる方針に従ってビジネスを進めた。その結果、その場を穏便におさめようとする上司の言うことには、全く聞く耳を持たないのである。「上司はきっと私を扱いにくかったに違いない」と苦笑交じりに話す。

阪神百貨店にリフォームのショップを出店し、三枝の生きざまを間近で見ていた服飾デザイナーの森南海子《もりなみこ》は「三枝さん、あなたは群れから離れた〝離れザル〟ね」と評した。つまり、群れと一緒に生活することはできず、勝手に単独行動をするという意味で、うまく言い当てた言葉である。三枝も入社して森と知り合い、「男気のある女性だ」と感じて親しくしていたが、三枝自身も〝離れザル〟には「なるほど」とその比喩に感心した。

実際、ニホンザルの社会は統率力のあるボスザルを中心に複数のメスザルや子供のサルが群れを成して生活をともにするが、その群れには属さない離れザルがいるという。森は異彩を放つ三枝の行動様式を見て、直感的に離れザルと結びつけたのであろう。

そんな離れザルの家庭生活はどうであったか。

三枝は二十六歳で妻・淳子と結婚し長男と次男に恵まれたが、「何よりも仕事が一番、家庭の優先順位は十番くらい」と言うほど、家庭を顧みない仕事人間であった。子供の教育も放ったらかしで、父親参観にも行ったことがなかった。百貨店という職種柄、父親参観が行われる土曜、日曜は百貨店マンの休日とは重ならず、事実上、参観することなどできなかったのも事実だ。つまり、教育をはじめ子供のことは何もかも妻任せであった。

阪急の鼻を明かしたい

一途な仕事人間であった若き三枝が最もライバル視したのが、お隣の阪急百貨店である。阪急百貨店とは、阪急東宝《とうほう》グループの創業者である小林一三《こばやしいちぞう》が鉄道のターミナル駅に百貨店をつくることで、買い物客の輸送収入アップにつなぐというビジネスモデルの大成功事例である。

小林の考案した百貨店モデルは、全国の鉄道事業者によって採り入れられ、関西では近鉄、阪神、首都圏では西武、小田急《おだきゅう》、京王《けいおう》などの百貨店が誕生する。その意味では阪神百貨店も阪急に倣《なら》ったものであり、三枝が入社した時にはまだ創業六年目の若い企業であった。

老舗の阪急百貨店と新参の阪神百貨店とでは、三枝が感じた以上に格が違うのであった。阪急百貨店は高級品にかけては大阪キタのナンバーワン百貨店などと言われ、品揃えも卓越していた。「シャネル」や「エルメス」などの超一流ブランドは阪急百貨店に勢ぞろいし、「レナウン」「オンワード」などアパレル大手の一流品は全て阪急に納入される慣習になっていた。

三枝には、そのことが悔しくて仕方がなかった。

何とかして阪急の鼻を明かしたいというのが、当時の三枝の偽らざる思いである。

ある時、ファッション雑誌を見ていると、聞いたことのないブランドが目についた。そのブランドは阪急にも入っておらず、三枝は興味を持った。センスのいい、当時流行していたパンタロンであった。

「よし、このブランドを入れてやろう」と思った。

アポイントを取り、関東にあったその会社の本社を訪ねた。受付で「何の用ですか」とつっけんどんに問われ、「阪神百貨店の者ですが、取引をしたいので社長に会わせてほしい。アポイントも貰っています」と、伝えた。

すると、倉庫のような二階の一室に通され、受付嬢は「ここでお待ちください」と言い置いて去った。

三枝は待った。しかし、二時間、三時間……と忍耐強く待ったが、一向に誰も現れない。三枝には見当がついた。長時間待たせて放ったらかしておけば、今に諦めて帰るであろうという魂胆なのだな。きっと、阪神百貨店なんて聞いたことのない百貨店だから、ハナっから会う気などないのであろう、と。

そっちがその気なら、こっちも意地だとばかりに、三枝はひたすら待ち続けた。

そして、しびれを切らして階下に降りると、その会社が経営するレストランの厨房で、社長がフライパンを振っている姿が目に入った。人をさんざん待たせておいて、この人は一体何をしているのだろうと訝《いぶか》ったが、また、指定された場所に戻って待った。

すると、約三十分後にようやくその社長が現れた。

「さて、大阪の百貨店さんがこんなところまで一体何の用ですか」と、口を開いた。

「私はどうしてもお宅様の商品を仕入れたくて、やって来ました」

「うちの商品なんか、大阪の百貨店さんで売ってもらうほどの値打ちはありませんよ」

「いえ、デザイン的にもなかなか洒落《しやれ》ていると思います」

「そうかな」

「ぜひ、うちで売らせてください」

そこまで会話が続いた後、その社長は腕組みをしてしばし押し黙った。そして、三枝が渡した名刺に改めて視線を落とした。まるで、三枝という人物を値踏みしているかのようであった。

「三枝さん、仮にうちがお宅の百貨店に出店するとしましょう。売り場の位置はどこにしてくれますか」

「お望みは、どこですか」と、三枝はやおら尋ねた。

「そりゃ、あなた、一番人目に付くといえば、エスカレーターを降りたところでしょう。失礼だが、あなたにその場所を確保できる権限はありますか。ないでしょう」と、高飛車な態度で質問をしてきた。

そうなれば、三枝も意地である。

「分かりました。お望みどおりの売り場を確保しましょう」と即答した。

「えっ、ホントにそんなことができるのですか」

社長は身を乗り出し半信半疑といった表情を浮かべて問うた。たかが主任が大事な売り場を差配できるのかと、明らかに疑っていた。

「約束です。売り場はお望みどおりにしますから、出店をしてください」

こうして、三枝は狙いをつけた商品の仕入れに成功し、その商品もそこそこに売れた。しかし、二か月後に三枝はその業者に対して「出て行ってくれ」と、追い出したのである。目を付けた商品の仕入れ販売に成功し、所期《しょき》の目的を達した三枝は、二か月でその会社を見限ることにした。それは三枝のビジネスマンとしての勝負勘のようなものであった。

初対面の対応で訪問客を何時間も待たせた挙句、相手を露骨に見下すような態度をとる経営者に対し、不快感と不信感を抱いた三枝は、いくらこちらから頭を下げて出店を望んだとはいえ、そんな取引業者を長く起用したくはなかった。そんな会社は今にきっと綻《ほころ》びが出てくるに違いないと直感したのだったが、案の定、その会社は時を経ずして倒産の憂き目にあった。三枝の勝負勘は正しかったのである。

タイガースの大投手・村山実をタダで使ってCM

さて阪神百貨店というと、プロ野球ファンなら誰もが「阪神タイガース」を想起する。事実、阪神百貨店には現在もタイガースショップがあり、ハンカチやタオル、ストラップ、キーホルダーなどが売られていて、熱狂的な虎ファンはそこでグッズを買い求める。

三枝が阪神百貨店オリジナルブランドのシャツやセーターを企画したことはすでに述べた。

胸元のワンポイントが全盛期の時代。山高帽《やまたかぼう》という意味の「ビリーコックス」を阪神のブランドとして商標登録したが、これを効果的に宣伝するにはどうすればいいかと、三枝は思案した。そして、「阪神タイガースを使えないだろうか」と、ひらめいた。

「ミスタータイガース」と呼ばれ、大投手だった村山《むらやま》実《みのる》は阪神百貨店の紳士服売り場をよく訪れ、三枝は何度も顔を合わせていた。なぜか不思議と気が合った。村山は昭和四十五（一九七〇）年に選手兼監督に就任していたが、三枝はそんな村山に「阪神のオリジナルブランドのセーターをつくったんですが、これを着て宣伝してもらえませんか」と、ストレートに依頼をしてみた。

「断られても仕方がない、ダメモトだ」と思っていたが、村山は「いいよ」と二つ返事で応じてくれた。「えっ、ホントにいいんですか」と、依頼した三枝の方がたじろいだほどだ。

村山がすんなりＯＫしてくれると、当時のタイガース人気を支えた田淵幸一《たぶちこういち》、江《え》夏《なつ》豊《ゆたか》らの大物選手たちも協力してくれることになった。三枝が阪神甲子園球場（兵庫県西宮市）に段ボール箱に入った商品を持ち込むと、村山は箱の中身を覗きこんで「これを着ればいいの？」と自ら袖を通した。すると普段の縦じまのユニフォーム姿とはまた違った村山のダンディな魅力が冴《さ》えた。

甲子園球場で練習中であった田淵や江夏も村山の指示で商品を着用し、そのセーター姿も虎ファンには新鮮に見えて、「結構売れた」のである。肖像権の意識が緩慢であった当時、村山も誰も、「百貨店の宣伝に協力したのだから、その分のギャラを寄こせ」などと無粋なことは言わず、全てタダで済んだのである。

VANとJUN全盛期に仕掛けた秘策

また、その頃はファッションデザイナーの石津謙介《いしづけんすけ》がアイビールックのスタイルを採り入れた「ヴァンヂャケット」（VAN）を創業。ボタンダウンのシャツに細身のダブルのズボンというファッションが若者たちに受けて大ヒットした。それに対し、デザインや配色に特徴のある「JUN」というブランドも流行し、VANとJUNが全盛期を迎える。

三枝は紳士服の主任として、そんな流行に敏感であった。というよりも、誰よりも敏感でなければならなかった。

「そうだ、若者に受けるイベントをやろう」と、百貨店でファッションショーを実施。歌手や女優を招き、流行の先端を行く衣装を着せて百貨店の東側の円形階段を歩いてもらった。三枝が覚えているのは、今では大女優になった木《き》の実《み》ナナをファッションショーのモデルに起用したことだ。木の実は少女のような笑顔をふりまきスポットライトを浴びて衣装を披露したが、打ち合わせの時間に薄暗い三枝のデスクの横で木の実がしおらしく待っていた時のことが、今も鮮明に思い浮かぶという。

そして、そのショーの司会を務めたのが、タレントの浜村淳《はまむらじゅん》であった。浜村はテレビやラジオのパーソナリティとして活躍し、「さて皆さん」で知られる流暢《りゅうちょう》で的確な話術には定評があって関西では誰もが知るタレントだ。〝浜村節〟の名司会に合わせオシャレな衣装が次々に紹介されると、それが売り上げにも跳ね返り、販売実績は右肩上がりに推移した。

衣料品全体では阪急百貨店に敵わなかったが、「ヤングファッションではどこにも負けない」という自負につながり、三枝は「関西で一番」と言われる売り場をつくった。

三枝が阪神のオリジナルブランドとして商標を取得した一つに「ビリーコックス」があったことは前述したが、その際にビリーコックスの周辺にある複数の商標もついでに取得した。ところが、これがある騒動を引き起こすことになる。

取得した周辺ブランドに「ヒルビリー」があった。ヒルビリー（hillbilly）の用語解説（goo辞書）によると、①田舎者を軽蔑的に呼ぶ言葉から転じてカントリー音楽を指す②見かけをかまわない無骨な感じを与えるファッション――などとある。

この「ヒルビリー」というブランドの商標をある米国のジーンズメーカーが米国国内で

取得していたのである。語意からすると、ジーンズのブランドにはぴったりマッチする。実際、全米で販売されていた「ヒルビリー」のジーンズにはそのロゴが使われ、若者らに人気があったが、三枝が「ヒルビリー」を商標登録したために、そのメーカーは日本で「ヒルビリー」のブランドのジーンズを売ることができなくなった。

困ったジーンズメーカーから、三枝のもとに「『ヒルビリー』の商標を百万円で売ってほしい」との要請が寄せられた。三枝は「そんな安い値段で分けられるか」と強気に出て断ったところ、その話は沙汰やみになり、結局そのメーカーは日本には別ブランドのジーンズで進出することになった。「あの時、少し値段を吊り上げて二、三百万円で売っておけばよかった」と、三枝は苦笑を浮かべて後悔する。

商品の買い付けで出会った世界の「常識」

ジーンズメーカーの米国にとどまらず、ファッションを扱う仕事だけに、三枝自身も世界を股にかけて商品の買い付けに飛び回った。

英国の首都・ロンドンにある世界的に有名な小売事業者「マークス&スペンサー」にも商品を買い付けるために訪れたのだが、その時の驚きを三枝は今も鮮明に覚えている。

商談を終えて「では、昼食にしましょう」と誘われた。どこで食事を摂るのかと思っていると、「わが社の社員食堂にご案内します。さぁ、こちらへ」と促された。

「日本からの遠来の客をもてなすのに社員食堂なのか」と、三枝はがっかりした。社員食堂というと、日本では定食と丼物と麺《めん》類程度のメニューがあり、お盆を持って好きなメニューを取り合わせレジで精算するのが定番。定食屋のランチメニューなどで外食をするよりも安く済むケースが多い。

ところが案内されたマークス＆スペンサー社の社員食堂は、まるで高級レストランのようであった。部長職以上が利用できる上級社員用と一般社員用に分かれており、三枝は幹部に誘われて上級社員用の席についた。すると、初めにスープが運ばれ、サラダ、メーンディッシュ、デザート、コーヒー……と三ツ星レストラン顔負けのフルコースが提供されたのである。

今でこそ、それほど珍しくはないかもしれないが、当時、昼からフルコースを提供する社員食堂に、三枝はマークス＆スペンサー社の実力を思い知った気がした。聞けば、一般社員用の食堂でもそこそこクオリティの高いメニューが提供されることになっており、社員はみな社食に満足しているのであった。

美味しい食事を終えると、同社の幹部は社内を案内してくれた。さらに驚いたのは冷蔵庫であった。社員用に大型冷蔵庫が用意されていて、社員は各自、精肉、野菜、果物などの生鮮食品を袋に入れて保管しているのであった。「なぜ」と思って尋ねてみると、福利厚生の一環であることが分かった。

従業員にはワーキングマザーも多く、女性たちは帰宅して夕飯の支度をしなければならない。休み時間に会社の近くにあるスーパーで夕食の材料を買っておけば、それを持ち帰ってすぐに調理に取りかかることができる。それなら、仕事を終えるまで買った食材を会社の冷蔵庫で預かってあげようという、思いやりの発想である。社員食堂といい、食材の冷蔵庫といい福利厚生が充実していることの証《あかし》であった。

三枝は「なるほど。流石に紳士の国・イギリスだ」と感心した。三枝が知るかぎり日本の会社に、それほど従業員に対して細かい心遣いを見せる企業は聞いたことがなかった。カルチャーショックを感じた。

ビジネスを遠くから俯瞰する感覚

フランスでは、有名ブランド「クリスチャン・ディオール」の副社長からオルレアンという町にある工場を見に来てほしいと、招待を受けた。オルレアンはジャンヌ・ダルクがフランスを救ったことを象徴する町だと説明を受けた。ジャンヌ・ダルクは「オルレアンの乙女」と称されるほどオルレアンとはゆかりが深いが、その工場は人里離れた森の中にあった。そこは香水の工場だった。

ひっそりと静まり返った好環境の中で、女性の従業員たちが一列に並び、一心不乱に香水を瓶詰めする光景が三枝の目に飛び込んだ。瓶詰めの工程など機械化すればいいのではないかと、三枝は単純な疑問を感じたが、オルレアンの村人を使い、敢《あ》えて人手をかけて仕上げていくところに何か謎めいた神秘性を感じた。それは地元の雇用創出にもつながっているはずだった。

工場が立地する森閑《しんかん》とした空気に触れ、三枝は高校生の頃、受験勉強と称して久学寺に一か月間籠った体験を思い起こした。思えば、久学寺では昼間、蟬《せみ》の喧《やかま》しい鳴き声だけが耳をつんざいた。夜のとばりが降りると、不気味なほどの静寂と暗闇に包まれた。きっと、三日と持たずに逃げ帰るに違いないと言われながら、三枝はたった一人で一か月も寺に籠り続けた。オルレアンの森はその時の空気感によく似ていた。

周りに誘惑するものが何もなければ、人は仕事や勉強に集中できる。ディオール工場の労働者を眺めていて、三枝はそう思った。

それは自然への同化という概念に近かった。都会の喧騒から離れ、静かな自然の中でただひたすら、仕事や勉強に集中すると、その成果物は純度の高い自然の恵みであるかのような不思議な錯覚を覚える気がした。

ディオールの香水も、緑濃い自然環境の中から生まれることが、その価値を高めているのではないか。工場見学を体験した三枝は、自身がビジネスマンでありながら、ビジネスを突き放して遠くから俯瞰《ふかん》するような感覚にとらわれるのであった。

もしかすると、フランス救国の英雄でありながら、わずか十九歳で火刑に処されたジャンヌ・ダルクの霊魂が、はるばるこの地を訪れた三枝に、魔法めいた示唆《しさ》を与えたのかもしれない。そう解釈すると、若き日のオルレアン訪問は、何だかロマンチックであった。

こうして欧米を飛び歩いた三枝だったが、意外にも全く観光をしなかった。観光に興味がなかったわけではない。衣料品の買い付けは普通、二月頃。二月に行って秋物の仕入れに間に合わせるというのが慣習になっていた。しかし、欧州や米国では二月というと寒くて外に出るにも重装備が必要であり、その結果、観光をすることなく、仕事が終わると早々に帰国したのである。

〝場慣れ〟の効用

若手ビジネスマンの三枝はその頃、社命で大阪青年会議所（ＪＣ）に入会することになる。三十一歳で課長に昇進した頃だ。

ＪＣのメンバーは通常、地元の中堅、中小企業のトップたちで構成され、いわゆる〝横のつながり〃が強まって、それが社業にも好影響をもたらすことがある。さらには、単なるビジネスの損得勘定ではなく、若い頃に築かれた人間関係が人生を豊かにしてくれるという側面もある。ＪＣの年齢制限は四十歳までだ。

当時のＮ社長から「三枝君、君はＪＣに入れ」と言われた時、三枝はＪＣの意味を知らなかった。ＪＣとはジュニア・チェンバーの略であるが、初めてそのアルファベットの組み合わせを耳にした時「邪魔な（Ｊ）クラブ（Ｃ）」かと思った、と苦笑する。

入会すると大阪では名の知れた中堅、中小企業の二代目、三代目たちが友人になった。彼らの行動を観察していると、暇さえあれば金に飽かせて遊びまわっている連中や、自社の経営や商品の開発に真摯《しんし》に向き合っている学者肌など、行動パターンは千差万別であった。

大阪ＪＣの交遊録の中で印象深いのは、今は亡き「樋口《ひぐち》君」（樋口勝彦）であった。大金持ちの樋口君は遊びの達人であった。その樋口君と親しくなった三枝は、「一度うちに遊びにおいでよ」と誘われて、大阪府寝屋川《ねやがわし》市にある邸宅を訪ねたことがあった。三千坪の大豪邸で、母屋と離れの間に川が流れ、川には太鼓橋が架《か》けられていた。樋口君は「昔、祖父がここから舟に乗って淀川《よどがわ》を下り、大阪ミナミに遊びに行った」と話した。樋口家はその昔、庄屋であったそうだ。

一体、君の先祖は何なんだという話に及んだ時、三枝は樋口君から木曾義仲《きそよしなか》の名を聞かされた。明確なつながりは不明だが、木曾義仲に関係があったらしい……と。

三枝は木曾義仲について、作家、司馬遼太郎《しばりょうたろう》の書で読んだことがあったので興味を持った。木曾義仲、つまり源《みなもとの》義仲は平安時代末期の武将で、源頼朝《よりとも》・義経《よしつね》の兄弟とは従兄弟にあたるが、後に後白河法皇《ごしらかわほうおう》と不和になるなどし、頼朝が送った義経の軍勢によって京都で討《う》たれる悲劇の運命にあった。

その義仲の乳母子《めのとご》であって義仲四天王の一人とされたのが、樋口次郎兼光《じろうかねみつ》である。滋賀県大津市《おおつし》に木曾義仲ゆかりの義仲寺《ぎちゅうじ》がある。義仲の死後、愛妾であった巴御前《ともえごぜん》がその死を弔《とむら》ったことが始まりとされる寺だ。この寺に「義仲四天王」の兜《かぶと》についていた三つの仏像がまつられていたのだが、一つだけ足りなかった。樋口君は「実はその仏像はわが家の仏前にある」のだと、明かした。

それを知った三枝は、「そりゃ間違いないよ。君の先祖はきっと樋口次郎兼光だよ。よく調べてごらん」と、話したことを覚えている。そんな「樋口君」はその後、病死した。

サラリーマン課長としてJCに入会した三枝には、自由に使える軍資金などはなかったが、樋口君のようなメンバーの金持ち経営者らに連れられて、見たこともない世界に足を踏み入れることになった。三枝自身はアルコールを口にしないのだが、京都・祇園《ぎおん》のお茶屋遊びや高級料亭での夕食など、会社勤めの若手サラリーマンでは到底経験することのできない金のかかる楽しみに触れることができた。それは後に三枝がトップになった時、「若い頃に経験したおかげで、どこに行っても気おくれすることがなかった」という効果をもたらす。

「よく学び、よく遊ぶ」ことで得られるもの

ＪＣでの実際の活動は、会員みんなが興味を持つテーマについての海外研修などで、旅程を通じて会員相互に理解を深め親しくなるというものである。

一例を示そう。これは平成になって間もない頃の大阪ＪＣのミッション（使節団）の例だが、その時の大阪ＪＣ理事長は、昆布の老舗メーカー、小倉屋山本《おぐらややまもと》（大阪市）社長の山本博史《やまもとひろし》、ミッションの目的は企業の社会的貢献について視察することであった。ちょうど企業が文化や芸術を支援する「メセナ」という言葉が流行していた時期。ミッションのメンバーは二十人ほどであった。大半は自営業者や中堅企業の二代目らであったが、その中に三枝と同じように大手企業から派遣されているサラリーマン会員もいた。

まずは米国イリノイ州シカゴに飛び、バスでオハイオ州シンシナティにある一般消費財の最大のメーカー、プロクター・アンド・ギャンブル（Ｐ＆Ｇ）の本社を訪問。Ｐ＆Ｇが

なぜ大企業になっても本社をニューヨークなどの大都市に移さないのかについて、ＪＣのメンバーのひとりが質問した。これに対し、Ｐ＆Ｇの幹部は「当社はシンシナティの町に育てられた。だから、この町でたくさんの雇用を生み出して恩返しをしている。税金もこの町に納めて貢献している。大都市に本社を移すとそんな恩返しができなくなる」という趣旨の説明をした。

日本では、地方都市で成長した企業は、ある一定規模になるとすぐに東京に本社を移転し、東京一極集中に拍車がかかる傾向にあるが、Ｐ＆Ｇはお世話になった地元に留まり続けている。本社を移転しないことが地元メセナの一環であるという説明であった。

その後、フロリダ半島のオーランドにある「ウォルト・ディズニー・ワールド・リゾート」を訪れたが、こちらはオーランドの町全体がまさにディズニー一色。国内外から訪れる観光客によって、オーランドの町に大きな経済効果をもたらしていた。とはいえ、せっかく来たのだから、メセナを「学ぶ」とともに、ディズニーで「遊ぶ」ということも大阪ＪＣの大きな目的であった。

「よく学び、よく遊ぶ」ことがＪＣの持ち味であり、そんな活動が人間の幅を大きくしてくれるところに効能があった。

百貨店で男もののパンツを売る意義とは？

紳士用品の売り場を担当していた三枝の仕事の範疇《はんちゅう》には、下着、肌着も含まれていた。今でこそ、男性下着、つまり男もののパンツといえばファッショナブルな赤、青、緑の柄ものなどが主流だが、このカラフルなパンツを日本で初めて考案したのも、おそらくは三枝であった。当時、男ものの下着といえばほとんどがいわゆるブリーフで白無地一色。レースがついたり、赤や黒の色ものがあったりする派手な女性下着に比べると、男のパンツはどこで買っても大差のない地味な存在であった。実際、女性ものの下着は、アフター5のOLらが帰宅前に百貨店に立ち寄りよく売れていた。

「大体、スーパーでもどこでも買える男ものの白パンツを、わざわざ百貨店に買いに来る男性なんて、まず、いないだろう」というのが、常識であった。だったら百貨店で男もののパンツを売る意義は何だろうと、三枝は思った。そして一計を案じた。

「きっと白一色しかないから、売れないのだ。男もののパンツも色付きにすれば、少なくとも今よりは売れるんじゃないか」

思いついたことを行動に移すのは早い。紳士肌着のメーカーに、色付きの商品をつくってほしいと掛け合った。こうして、原色に近い青色や緑色、黄色の男性のパンツが出来上がった。無地ではあったが、これなら、きっと買いに来る男性がいると確信した。

次に、三枝が考えたのはカラーパンツの宣伝方法である。このパンツを手っ取り早く話題にする方法はないものか？

そこで、ふと思いついたのが、大阪ＪＣのメンバーたちだった。ＪＣの友人に連れられて酒の飲めない三枝も、大阪・北新地のクラブによく行ったものだった。ホステスを隣にはべらせ、他愛のない話題で二時間、三時間……と過ごし、明日への英気を養った。

「そうだ。ＪＣのメンバーに協力してもらおう」

三枝は大阪ＪＣの友人らに片っ端から電話をかけて、「悪いけど、頼みがある」と電話口で告げた。それは、カラーパンツを無償で提供するから、そのパンツを穿《は》いて北新地のクラブへ行きホステスたちにパンツを見せて自慢してほしいという内容だった。

「分かったよ。お安い御用だ」と、誰もが三枝の要請を喜んで受諾した。

そして、阪神百貨店提供のパンツを穿いたＪＣメンバーたちは、それぞれに馴染みの店に繰り出し、隣に座ったママさんやホステスたちにこう切り出した。

「あのな、きょうはええもん見せたるわ」

「なに、なに？」

「もうちょっと、そばに寄ってくれるかな」

「何やのん、勿体ぶらはって」と言って、ホステスが近くにすり寄ると、メンバーはにんまり笑って、やおらズボンのベルトを外し、チャックを下ろしてズボンをずらし始めた。

〝遊び人〟を自任するＪＣメンバーは、そんな演出が上手だった。

「いや、何しはるの？」と、セクハラめいた行動に驚いたホステスは両手で目を押さえた。

「違うんや、これ、見てみ」と、メンバーは穿いていた黄色いパンツを見せた。そして
「これ以上見せたら犯罪やけど、ここまでやったらセーフやろ」と、自慢顔にホステスの顔色を窺った。

「いや、白いパンツと違うのん」

「そうや。カラーパンツや。これ、阪神百貨店が開発したんや。なっ、おしゃれやろ」

「色付きの男もののパンツなんて初めて見たわ。すごいわね。コレ、きっと売れるわ。私の勘よ」と、褒められた。

協力してくれたＪＣメンバーがあちこちでそんな宣伝をしてくれたおかげもあって、阪神百貨店の色ものパンツは話題になり、噂を聞きつけて買い求めに来る男性客が増えた。

男性客ばかりか全国の百貨店からも「後学のために」と、下着売り場の担当者が続々と視察に訪れるようになった。普段は地味で埋もれがちな男性下着売り場が活性化し、売り場に携わる従業員にもやる気が漲《みなぎ》った。

押すべきところ、譲るべきところ

今でこそ、見かけることはなくなったが、かつてはどこの百貨店にも生地の売り場があった。洋服の生地を買って帰り、自分で縫い合わせて洋服をつくる家庭も少なくなかった。昭和の時代には町中にも洋裁店が散在し、女性の店主が店を切り盛りしていたものだ。しかし、その生地たるや在庫にすると膨大な量に及び、阪神百貨店にとって大きな負担になっていた。

そのことが無駄に思えた三枝は、「これを何とかしたい。生地売り場をなくしてやろう」と密《ひそ》かに考えた。

洋服生地の流通を調べると、名古屋に生地問屋があることを知った。

三枝は飛び込みでその問屋を訪ねた。

初対面の問屋に、いきなり「うちの生地の在庫をお宅で引き取ってもらえませんか」と、交渉してみたが、「そんなことはできませんよ」と、けんもほろろに断られた。一度断られたくらいで引き下がらない三枝は、その問屋に何度も通って同じ要求を伝えた。

すると次第に相手も軟化しだした。そして、会話の端々から相手は阪神百貨店に出店することを望んでいると悟った。

「脈あり」と感じた三枝は「うちにある生地の在庫を原価で構わないので引き取ってほしい」と、相手に有利な条件を出した。

根負けした問屋は「三枝さんがそこまで仰るなら負けました。商品を引き取りましょう」と応じてくれたのである。「その代わり、阪神百貨店にうちの直営店舗をつくってくれませんか」と持ち掛けてきた。待ってましたとばかりに、「分かりました。つくりましょう」と、三枝は快く条件を呑んだ。

この交渉を通じて、三枝は誠意が何よりも大切であることを改めて身をもって知った。「誠意を尽くして押す局面では押すが、逆に譲るべきところは相手を慮《おもんぱか》って譲る。互いにギブアンドテイクの、双方にとって納得のできる交渉をしなければならない」と、三枝は肝に銘じた。

この取引が成立したことで、阪神百貨店は膨大な生地の在庫を抱える必要がなくなり、代わりに名古屋の問屋が直営で営業を開始することになった。百貨店にとって生地を買い求める顧客が減少する中、自前の生地売り場を抱え込むリスクがなくなった。

時代とともに、生地を買って家庭で洋服に仕立てる風潮は次第に廃れ、洋服は「吊《つ》るし」の既製品を買うか、もしくは誂《あつら》えるようになっていった。

結果的に時代の流れを読んだ三枝の先見性は鋭かったといえよう。

オンワードとの大事件

この当時、三枝がライバル心を燃やした阪急百貨店には大手アパレルメーカーが一級品の売れ筋商品を納め、阪神百貨店には二級品しか回ってこなかった。三枝の記憶によると、阪急百貨店の売り場面積が五万平方メートルだったのに対し、阪神百貨店は四万二千平方メートル。売り場の広さでも売上高でも大差で負けていた。

どこの百貨店も紳士服は「大手メーカーさまさま」と大手を偏重する時代であったが、三枝は中小メーカーでもキラリと光るセンスのいい商品を持っているところには、積極果敢にアプローチして出店を促した。

その甲斐《かい》あって「阪神に行けばハイセンスな商品が置いてあるね」という評判が徐々に高まってきた。

そんな頃、レナウンと並び紳士服の大手メーカー、オンワード樫山《かしやま》も阪神百貨店の大手取引相手であった。レナウンはセーター、シャツなど軽衣料の扱いが多かったのに対し、オンワード樫山はスーツ、コートなどの重衣料が主体であった。

オンワード樫山は阪急百貨店にも阪神百貨店にも商品を納めていた。ただし、先述した「法則」により、一級品の売れ筋は阪急、阪急が「要らない」という二級品は阪神という図式は変わらなかった。ところが、である。二級品のはずの阪神に納められたブランド商品が女性客の人気を得てジャンジャン売れ出した。三枝は小気味が良かった。

「ほうら、見てみろ。二級品でもうちの商品の方がよく売れているぞ」

阪急の鼻を明かしたようで、三枝は誇らしかった。

しかし、ほどなくオンワードの担当者から「お会いしたい」と連絡が入った。

「何だろう」と、いやな予感が三枝の脳裏をよぎった。

担当者は「お宅様に納めているブランドを、申し訳ないんですが引かせてほしいんです」と、すまなさそうに告げた。

三枝はピンときた。

「ということは、マエ（阪急百貨店）からそう言われたんですか？」と、尋ねた。

「いや、特段そういうことでもないのですが……」と、担当者は言葉を濁《にご》したが、三枝の睨んだとおりだった。二番手ブランドが急に売れ出したので、「阪神をやめてうちに持ってこい」と、阪急から指令が出たらしかった。

この一件に「頭に来た」三枝は、「それならお宅の商品は全て持って帰ってくれ」と、最後通牒を突き付けた。

「えっ、そんな……」と、担当者は慌てて尻込みしたが、三枝は言いだしたら聞かない性分。三枝の担当する売り場から一夜にして、オンワードの商品をなくしてしまったのである。オンワードは百貨店にとっても主力メーカー。そのせいで、売り場はガラガラになってしまった。恐らく、この時期に阪神百貨店を訪れて、オンワードの商品がすっかりなくなっている売り場を見た買い物客は、「おやっ、ひょっとしてこの売り場を全面的に改装するのかな」などと思ったに違いない。

レナウン締め出しの時には代替品でしのいだが、重衣料をはじめとして多くのブランドを扱っていたオンワードの売り場がすっぽり抜けてしまうと、代替品で埋めることはできなかった。

オンワード側は阪神百貨店のK社長に泣きついた。「いくらなんでも、うちの商品を締め出すなんて、ひどいですよ」と。

三枝は社長室に呼ばれた。この時、三枝は課長である。

「三枝君、君は売り場からオンワードの商品を撤去して、一体どうやって商売するのかね」と、Kは問い詰めたが三枝も負けてはいない。

「商売をするもしないも、せっかく売れ出したブランドを引きあげるなんて、こっちの足元を見ている。やり方があまりにひどすぎる。だから、そんなメーカーの商品は売り場からなくしてしまったんですよ」と、猛然と反論した。

それを聞いたKは「君のやっていることはそりゃ、ごまめの歯ぎしりだ」と断じた。

さらにボルテージを上げた三枝は「たとえ、ごまめの歯ぎしりでも、しないよりはましだ」と、K社長に対しても一歩も引かなかった。

ついに、オンワードの社長と担当役員がやって来て、会議室でKと三枝と膝を突き合わせ、三者（オンワード側、阪神百貨店社長、売り場担当の三枝）会談となった。

そこで阪神百貨店社長のKは「三枝君、君はどうすればオンワードさんの商品を元通りに売ってくれるのかね」と、自らの部下に問うた。すでに社長の権限であっても、三枝の決めたことを覆《くつがえ》すのは困難であった。

つまり、現場の三枝が一段高い位置に立っていることは明らかだった。現場の責任者として実績を築いてきた三枝は、課長といえども売り場を差配する権限を持っており、自らの判断が優先されるポジションを確立していたことになる。

そこで三枝は「阪神で売っていたブランドを阪急に横取りさせるのではなく元に戻すこと、それに歩率を下げてもらうことです」ときっぱり告げた。

歩率とは売れた商品の価格のうちメーカー側の取り分を指す。従って、歩率を下げると百貨店にとっての取り分は多くなる。

三枝の予想外の返答に、オンワードの社長は「えっ」と目を丸くし、担当役員は「うっ」と絶句した。すかさず三枝は、Kに対し「社長、あなたはオンワードさんを取るのか、それとも私を取るのか、はっきりさせてほしい」と会議の席で堂々と言い放った。

それを聞いたKは、答えに窮したに違いない。取引先の前で三枝のことを「君は要らない」とは言えない。三者会談というシチュエーションで、「自分を取るか、取引先を取るか」と二者択一をKに迫ったのは、無意識に「三枝コンピューター」が計算して弾き出した言葉であったかもしれない。

Kは苦し紛れに「そりゃ三枝君の言うのも分かる」と、遠慮がちに言葉を継いだ。

こうして、阪急百貨店に横取りされそうになったブランドは阪神に留まり、三枝が突如として言い出した歩率下げも、そのまますんなりと通ってしまった。

誰が見ても三枝の完全勝利であった。

この一件で「阪神百貨店に大したやつがいる」と、三枝の名が業界に知れ渡ることになる。

部長、三枝課長を丁重にもてなす

一方、阪神百貨店の内輪の場でも、三枝は一撃を放ったことがある。

三枝の所属する紳士用品のフロアには、三枝を含め三人の課長が現場を取り仕切っていた。そしてその上に一人の担当部長がおり組織を統括する体制になっていた。

　三人の中では三枝が一番新任の課長であり、担当部長のGは古株の課長二人よりも三枝の方が使いやすかった頃の話だ。

「三枝君、悪いけど、この一週間の収支報告書を作ってくれるかね」

「三枝君、明日は人手が足りないから、君が率先して早く出勤してくれ」

「三枝君、お客さんのクレーム対応、よろしくね」……といった具合に、担当部長は何でもかんでも仕事を三枝に振ってきた。

　初めは「はい、はい」と、従順な姿勢で仕《つか》えていたが、半年ほど経ったある日、G部長があまりに自分ばかりをこき使うことに業を煮やした三枝は「一体誰にモノを言うてるんや。後の二人の課長には何も言わないで、オレにだけぐだぐだとぬかして……」と、上司である担当部長に対して遂にキレてしまった。

　G部長は呆気に取られて、最早立ち尽くすばかり。「いや、何も君ばかりを……そんなに……、こき使ったわけではなく……」と、口ごもりながらそそくさとその場を立ち去ってしまった。

　その後、「三枝君があんなに怖い人だったとは思ってもみなかった」と、二人の課長に漏らしていたという。

フロアでは毎朝、部長が課長三人を招集して販売会議が行われることになっていたのだが、三枝がGにかみつく一件があって以来、その風景が変わった。テーブルに着くとGが自腹で買ってきたショートケーキとコーヒーが並べられ「皆さん、それぞれに一生懸命にやってくださるおかげでフロア業績は堅調でございます。今後もこの調子で、どうぞよろしくお願いいたします」と、極めて低姿勢で言葉を述べるのであった。

どこにでもありそうな職場の人間模様の一端が浮かび上がったエピソードだが、ことあろうに三枝の〝暴発〟によって、朝の会議に毎回ケーキとコーヒーのおまけまでが付いてくるほど、組織の勢力図が影響を受けたことを示す一例である。

実際、三枝の所属するフロアは社内でも業績はいつもトップクラスであり、その意味ではG部長の言う通りなのであった。そのおかげでGの社内における立場は良好であった。

サラリーマンにとって直属の上司に対してキレるのはご法度に違いない。そんなことくらい、組織人である三枝も十分承知していたはずである。ところが度重なる風当たりに我慢できなくなった三枝は、ついに感情を爆発させてしまうのである。

G部長は部下の思いもかけない反逆に遭遇し「お前、その口の利き方は何だ。自分を何様だと思っているのか」と、三枝をその場で叱りつけることもできたであろう。しかし、そうはならなかった。他の二人の課長より使いやすい三枝ばかりを便利使いしたG部長にも、三枝に対して「申し訳ないな」というひけめはあったのだろう。

また、これまでの三枝の振る舞いや実績から、三枝を敵に回してはいけないという空気感を読んだに違いない。三枝とは、極めて「できるやつ」だが、「取り扱い要注意」なる人物であったのだ。

G部長には事後談がある。ある日、三枝のもとに一本の電話がかかってきた。G部長の急逝を告げる連絡であった。心筋梗塞のため現役のまま、あっという間に亡くなった。三枝は在りし日のG部長を思い、「いい人だったのに」と残念がった。三枝の暴発によって、販売会議のたびにケーキとコーヒーを準備するGは、紛れもなく〝いい人〟であったに違いない。

駆けつけた通夜の席で先輩課長の二人から、三枝は「お前がG部長の寿命を縮めたに違いないぞ」と、半ば冗談でなじられた。

得につながる損、損のままの損

百貨店は売り場の改装を頻繁に実施し、買い物客に常に新しい印象を与えることも大きな戦略の一環である。

営業を統括していたY専務はいわゆる趣味人でもあり、絵画をたしなみ写真もそこそこの腕前であった。そんなYを三枝も人間的には尊敬していた。

しかし、Yは改装された売り場を一目見て、「天井の色彩が気に入らない。これではダメだからやり直せ」などと命じることが、日常茶飯であった。改装をやり直すと数千万円を棒に振ることになり、阪神百貨店の業績にも大きなマイナスを与えた。売り場の改装以外でもYの一存でそれまでの方針がひっくり返ってしまうことが多く、そのたびに現場の従業員は戸惑った。

それを見ていた三枝は、Yの判断は建設的とは言えないと問題意識を抱いていた。

その当時、阪神百貨店では経営幹部や組合の執行部員らで構成する経営協議会が定期的に開催されていた。三枝も協議会のメンバーに名を連ねていた。

経営協議会が開催され、予定されていた議事が進行し会議が終わりかけた時に、三枝はやおら挙手をして発言を求めた。

「Y専務のことで恐縮ですが、自分の思いつきでコロコロと方針を変更されては業績にも多額のマイナスとなり会社にとって大きな損害を生みます。従って、私はY専務に営業統括から外れてもらうことが妥当だと思います」

三枝がそう言い切ると、会場は「えーっ」とばかりに騒然となった。

恐らく、出席者の多くは「三枝、よく言った」と心の中で快哉を叫んだのであろうが、公式の席での発言だけに、誰もが正面切って三枝を支持することもできず複雑な反応を見せざるを得なかった。名指しされた当のYも、「一体、何を言い出すんだ」と驚きと困惑した表情を浮かべて三枝を凝視した。

それから二、三日が経過して、三枝のもとに百貨店の親会社である阪神電鉄の人事担当役員から電話がかかってきた。

「三枝君、少し話したいことがあるんだが、きょう仕事が終わった後は時間を取れますか」

「結構ですが、どちらに伺えばいいでしょうか」

三枝は小料理屋の個室に呼び出された。他人に聞かれては困る密談である。料理が運ばれると女将《おかみ》は気を利かせてそそくさと立ち去った。

阪神電鉄の人事担当役員は「この間の経営協議会で君はY専務を営業統括から外した方がいいと発言したそうだね」と、切り出した。

三枝は呼び出された理由について見当をつけていたが、「ああ、やっぱりその話か」と思った。

「あの発言ねぇ、阪神グループとしても大問題になっているんだよ。そこで相談なんだが、君のあの発言自体をなかったことにしてもらえないだろうか」と、人事担当役員は直截《ちょくせつ》に三枝に要求した。

「それはできませんよ。私は正直に申し上げただけです。Ｙ専務の一言で数千万円がパーになるところを何度も見てきました。Ｙ専務には本当に申し訳ないけれど、そんなことを続けていたら、この会社の体力は持ちませんよ。潰れますよ」と、改めて発言の真意を説明した。

「分かった。君のいう理屈は確かにその通りかもしれない。しかし、一課長の身で役員の人事にまで口出しするようでは君の将来に傷がつくで」と幹部は諭《さと》すように話した。内容はある種の脅しのようでもあった。

三枝は腹を決めていた。この一件で「発言を取り消さないなら辞めろ」と言われたら、辞める覚悟でいた。何も間違ったことは言っていないという自負があった。

「私の将来に傷がついても構いませんよ」と、毅然と返事をした。

人事担当役員は随分と困った表情を浮かべたが、それ以上は三枝に対して何も言わなかった。

それから一、二週間が経って、Ｙは別会社の役員に異動して行ったのである。

三枝もＹ専務も独断で思い切った判断をするという点では似通っている。しかし、三枝の判断は一見身勝手に思えても、会社経営にプラスになるかどうかという視点から判断しており、よくよく精査すると実は合理的である。一方Yの判断は、自らの美的感覚によるものであり、その結果、会社に負担をかけることになるという意識は薄い。三枝の目にYは趣味人と映ったというが、芸術家肌の人には完全主義者が多く、そんな人たちは損得勘定を抜きにした判断をしがちだ。

つまり、三枝もY専務も独断専行という点においてその行動類型は酷似していたが、中身は大きく違っていたのである。

この結果、赤字転落寸前であった阪神百貨店の業績は持ち直すことになった。

台湾、戒厳令下での百貨店づくり

「フォルモサ〜麗しの国」といわれる台湾。その面積は約三万六千平方キロメートルと日本の九州と同じくらいの広さで、南北に長い。政治的には中国が「一つの中国」政策の下《もと》、台湾の独立を認めない立場を崩しておらず、国際的には国とみなされず地域という表現で紹介されるケースが多い。「一つの中国」というのは、中国大陸（メインランド）と香港、マカオ、そして台湾まで、中華民族の統一国家でなければならないという主張である。

一九七五年に死去するまでその台湾を統治したのは、国民党党首であった蔣介石《しょうかいせき》である。台湾では、一九四七年から一九八七年に解除されるまで、実に三十八年間の長きにわたって戒厳令が布《し》かれていた。

戒厳令とは戦争や内乱などの非常時に、統治権を一時的に軍隊に委ね、通常の市民、国民の権利が制約を受けることをいう。

政治的に難しい歴史を経て、今の台湾がある。蒋介石から少し時代を遡《さかのぼ》れば、日清《にっしん》戦争の結果を受けて、一八九五年から日本が統治した時代があり台湾には親日的な人も多い。

事実上の首都とされる台北市には、約七十万点の美術品を所蔵する故宮《こきゅう》博物院や、蒋介石総統を顕彰する中正《ちゅうせい》紀念堂、高さ五百九メートル、地上百一階の超高層ビル「ＴＡＩＰＥＩ（タイペイ）１０１」など、観光名所も多く、日本からも毎年旅行者が大勢訪れている。

さて、その台湾では第三の都市である台中で、新しい百貨店の建設計画が持ち上がり、日本の百貨店から協力を得ようということになって阪神百貨店に白羽の矢が立った。そこで、台湾に派遣されることになったのが、三十代の課長であった三枝だった。一九七〇年代、先に述べた戒厳令下である。

三枝は自身が台湾に派遣されることになった経緯を知らない。阪神百貨店の上層部は恐らく、「三枝ならひと悶着《もんちゃく》あるかもしれないが、相手の要求に応えてやり遂げるであろう」という判断の下に人選をしたに違いない。

普通、海外のビジネス責任者に選ばれると「やったぞ」と心を躍らせるものだが、この時の三枝は「あっ、そうか」と辞令を淡々と受け止め、決して意気込んではいなかった。「海外といっても台湾は沖縄の少し先であり、国内ビジネスの延長という程度にしか考えていなかった」という。しかも、阪神百貨店の本来の業務と掛け持ちであり、妻子を連れて現地に赴任するのではなく、あくまで出張ベースの仕事であった。

当時の台湾は戒厳令の下、現地の治安は極めて良かった。海外で気を付けなければならないことといえば、まずスリ、置き引きなどの盗難事件だが、当時の台湾ではモノを盗まれるようなことはなかったという。なぜなら、そんな罪を犯すとムチ打ちの刑など戒厳令による厳罰が待っていたからである。

その話を聞いた時、三枝は最初、「ムチ打ちなんて痛いのを少し我慢すれば何とかなるのではないか」と思ったが、ムチで背中を十回も打たれると人間は死んでしまうと聞き、ぞっとしたという。

そんな戒厳令下の台湾で百貨店づくりを手伝うことになった三枝は、台北にある事務所に滞在することになり現地のホテルにチェックインをした。

すると、日本人男性と見るやホテルのボーイが寄って来て「お兄さん、女性は如何《いかが》ですか」と三枝に声をかけた。〝女性〟とは娼婦のことである。三枝は驚いた。風俗街でもないちゃんとしたホテルで、売春を斡旋するような行為に戸惑ったが「私はビジネスで来ているから、そんなことは無用だ」ときっぱりと断った。

「そうですか。分かりました」とボーイは引き下がったが、その後、仕事からホテルに戻るたびボーイは三枝の顔を見かけると傍に寄って来て「女性は如何？」と繰り返した。

断っても断ってもあまりに度重なるしつこい誘いに、三枝は遂にそのボーイに尋ねてみた。「君は買春を促すようなそんな誘いをして恥ずかしくないのか」と。

するとボーイは重い口を開いた。

「私だって、台湾人の同胞女性を売るようなことはしたくない。けれど、ホテルの仕事だけでは収入がなく食べていけない。日本人の男性はここに来ると、旅の恥はかき捨てとばかりに買春をする人が多い。私の本心はそんな日本人男性を殴りつけてやりたいほど憎らしく悔しい思いをしている」と、本音を吐露した。

それを聞いて、三枝は〝男性天国〟で享楽をむさぼる鼻の下を伸ばした日本人たちのことを「本当にろくでもない同胞だ」と、情けない思いにかられるのであった。

これまでのやり方が通用しない!

そもそも台北にあった「来来《ライライ》」という百貨店が、台中に二号店を出店する計画が持ち上がり、阪神百貨店に協力を要請してきたのである。

台湾で三番目の都市とはいえ台中は田舎町。百貨店となる建物は完成していたが、「こんな辺鄙《へんぴ》なところに百貨店をつくって一体誰が買いに来るのだろう」と、疑念を抱きつつも、三枝はまず商品の仕入れに苦労した。

日本と異なりあらゆる商品を一手に扱う問屋が存在しない。

台湾では夜になると町のあちらこちらに夜市が立ち並び、地元住民が繰り出して買い物を楽しんだ。

夜市は今も台湾名物として観光コースに組み込まれているほど。台北では「士林の夜市」が有名で、Tシャツ、サンダル、玩具に財布……といった雑貨を売る店が所狭しと立ち並び、別の一角ではさまざまなB級グルメの飲食店がひしめき合って軒を連ねる。

日が暮れるとそんな夜市が士林だけでなく至るところに出現する。つまり台湾は〝ナイトウォーク〟の文化なのである。夜市に出店する業者が扱う商品は決して高価なものではなく、中には「パチモン（偽物）」くさい商品も交じっていたが、問屋が存在しない以上、三枝は夜市の出店業者らを回り「百貨店に出店して質のいい商品を販売してくれませんか」と依頼するしかなかった。だが、まさか、百貨店で「パチモン」を売るわけにはいかない。

この時の苦労した体験が、後にデパ地下を〝夜市〟のイメージに、という発想につながるのだから、人生は面白い。

次に三枝の頭を悩ませたのが、人材教育だった。百貨店は小売業だが、顧客に対して丁寧な応対をすることが不可欠である。百貨店づくりに際し、三枝は台湾各地で百貨店や専門店などを視察したが、例えば商品を入れたショーケースの脇で、販売員の女性たちが食事をしたり、寝そべったりしている光景を目にした。要は、雇い主から「決してショーケースから離れてはいけない」と厳命されているために、顧客から何と思われようと、ショーケースの前にいさえすれば少々行儀の悪いことなどお構いなしなのであった。

「これではいけない。日本流の従業員教育を導入しなくては」と考えた三枝は、百貨店員になる女性たちを集め、お辞儀の角度に始まり、身だしなみや言葉遣い、商品の包み方、接客態度……など、ことごとく日本式のノウハウを叩き込んだ。実際、日本の百貨店員の包装技術は恐らく世界一だろう。日本にいると当たり前で気づかないが、箱の大きさに合わせ、きれいに折り目正しく包むことのできる技量は見事である。

思い返せば、三枝は新入社員時代、新人研修が退屈で逃げ出し、好きな映画を観賞をしてまた元の隊列に戻るというサボタージュをした。それは、百貨店員として、「分かり切ったマナー教育など何度も繰り返し教えられなくても分かっている」という自負があったからだが、文化の異なる台湾では、日本式の丁寧な百貨店教育を一からしっかりと叩き込まなくてはならないと本気で感じた。

海外でビジネスを展開する上で重要なこと

台中の百貨店の開業までには二年を要した。その間、三枝は阪神百貨店本店での売り場の仕事を兼務しながら、何度も台湾に飛んだ。本業と並行して台湾プロジェクトに関わったのである。

台湾の玄関口は台湾桃園《とうえん》国際空港。空港を警備するのが航空警備隊の役割であったが、頻繁に渡航したせいで警備隊長とはすっかり顔なじみになり、「三枝さん、またお仕事ですか。あなたなら信用できるからいいですよ。はい、どうぞ。こちらへ」と、入国審査をフリーパスで通してくれるのであった。セキュリティに厳しい現在からするとおよそ考えられないことだが……。

こうして「来来百貨店」の台中店がようやく開業の日を迎えることになった。

三枝が初めて台中を訪れた時は「こんな田舎町に百貨店をつくっても、一体誰が買いに来るのだろう」と懸念したが、開業日には買い物客が十重《とえ》二十重《はたえ》に百貨店を取り巻き大盛況であった。

それを見て、三枝は感慨無量であった。海外の百貨店づくりなど三枝にとっては初めての経験。それも何の足がかりもないままに、売り場の構成やら商品の仕入れ、そして従業員の教育……と、自己流に心血を注いで突っ走ったという自負があった。

いわば台中初の百貨店は三枝の汗の結晶である。それが地元の人々に受け入れられ、盛況裡にオープニングを迎えられたことは、自分のやり方が間違っていなかったことの証左であり三枝にはグッとくるものがあった。

この来来百貨店のオーナーは、国泰《こくたい》グループの総帥《そうすい》である蔡辰男《さいしんなん》であった。辰年生まれの蔡は三枝と同い年であった。

ある時、蔡に「三枝さん、台北にあるうちの別荘に遊びにいらっしゃい」と誘われた。誘いに応じて蔡の別荘を訪ねた三枝は、そのスケールの大きさに度肝を抜かれた。

蔡の別荘は、圓山《えんざん》大飯店という由緒あるホテルの裏山で国立公園の中にあった。丘陵地帯を登っていくと、まず第一の門があり三、四人の警備員が警護に当たっていた。それを進むと次に第二の門が見えてきて、そこにも警備員が配されていた。さらに進むと、第三の門があり、そこを通過すると庭にはミニゴルフ場とプールが整備され、ようやく本館に辿りつく。

そして、館内に招き入れられると、故宮博物院に展示されているような宝物や工芸品が室内に飾られ、三枝は蔡の桁違いの大金持ちぶりに、ただただ驚嘆するしかなかった。

三枝は蔡の豪邸に招かれたことにより、何よりも得難い信頼関係を築くことができたと確信した。海外でビジネスを展開する以上、パートナーと信頼関係を築くことは極めて重要であった。三枝はそのことを自覚していた。

悪意の怪文書

台湾の初仕事を終えた三枝は、課長として脂が乗りきっていた。その頃である。誰が仕掛けたのか、三枝を嵌《は》めようとする悪意のある噂が流れたのは。

阪神百貨店の副社長宛てに三枝を中傷する投書が送り付けられてきたのだ。

投書には「お宅の会社の三枝という社員は、毎晩、取引先を連れて北新地を飲み歩いている。ユスリ、タカリのような三枝をこの際、処分すべきではないのか」というもっともらしい内容が認《したた》められていた。

阪神百貨店の上層部はそんな投書を最初は無視した。

しかし、投書は一回では止《や》まなかった。二度、三度……と役員の手元に続けて送られてきた。

その投書が届いていることを最初に三枝に告げてくれたのは、S常務であった。

役員室に呼び出された三枝に、Ｓ常務は「君のことを良からぬ風にいう手紙が届いているんだが心当たりはあるかね」と、穏やかに話した。

寝耳に水であった三枝は「そりゃ、一体どういうことです」と、食い下がった。

「実はこれなんだが」と言ってＳ常務は文面のコピーを三枝に渡した。

それを読む三枝の心中は怒りに打ち震えた。

「一体、誰がこんな卑劣な手段で、私を貶《おとし》めようとしたのか……」

そこまで述べて、言葉が続かなかった。

「勿論、私は君のことを百パーセント信用しているし、こんな流言《りゅうげん》はハナっから信じていない。でもな、三枝君、二度も三度もこんな投書が届くと、最初は相手にしていなかった上層部も『いや、待てよ。もしかしたら……』と疑いの目を向けるようになる」

Ｓ常務は丁寧に説明した。

「第一に私は酒を飲まない。だから、北新地を飲み歩くというのは、あり得ないですよ。その時点でこれが嘘っぱちであることが分かるでしょう。この投書はこんな嘘八百を並べ立てて、私の評判を落とすことが狙いなんだ」。三枝は語気を強めて反論した。

そして、「会社が社員である私のことより、外から持ち込まれたこんな根も葉もない出《で》鱈目《たらめ》を信用するなら、私は自分で私立探偵を雇って私の行動をいちいち監視させ、それを会社に報告することで身の証を立てたい」と、怒りが収まりきらない思いでそう訴えた。

依頼主が興信所の探偵に、自らの行動を監視させて報告書を上げるなどという話は聞いたことがない。

S常務は「そこまでしなくていいよ。こんな流言飛語はそのうち消えて、君の方が正しいことが証明されるよ」と、三枝の肩を持ってくれた。

思えば、入社以来、三枝が阪神百貨店によかれと考えて実行してきた矢継ぎ早の〝三枝流改革〟は、枚挙《まいきよ》に暇《いとま》がないほどになっていた。独自ブランドをつくって全国の百貨店に売り歩いたこと、レナウンやオンワード樫山といった大手アパレルとのひと悶着、阪神タイガースの選手を使った宣伝、洋服生地売り場の撤去……など、どれもこれも、三枝のアイデア一つから出発した商法であった。が、全てが丸く収まっていたわけではない。

なかには「三枝というやつには、えらい目に遭わされた」「三枝の野郎め、覚えていろ。今にほえ面をかかせてやる」と、恨み節をうそぶく取引業者もきっといたはずだ。急激な改革を進めると、反発を喰らい敵をつくるということは、三枝自身がよく分かっていたつもりだが、実際、匿名の投書という形で、自身に火の粉が降りかかるとは思ってもみなかった。

投書の件はS常務が三枝に教えてくれたおかげで三枝の知るところとなったが、もし、本人に何も知らされないまま、上層部が投書の内容を頭から信じて処分を下していたら……。そう考えて、三枝は戦慄《せんりつ》を覚えた。ある意味でSが三枝に告げてくれたことはラッキーであった。

嘘も百回言うと本当になると、よく言われる。百通も同じ内容の投書が届けば、全く出鱈目であったとしても、読んだ人は「もしかして」と信用するかもしれない。人間の心理を巧みに突いた偽計《ぎけい》である。そして、本人には一言も告げないままに、噂を信じて理不尽な左遷や降格処分が下されるようなことはビジネス社会ではあり得ることであった。

逆にいうと、気に食わないやつを追い落とそうとする場合、卑劣な方法だが、仲間数人で結託して悪い噂を流せば成功する確率はゼロではなかった。

長い会社員人生で立ちはだかるそんな障害を難なく乗り越えていくには、強運と実力を備えていなくてはならないのであろう。

「男は敷居を跨《また》げば七人の敵あり」という諺《ことわざ》があるが、三枝はこの一件を通じてその真意を思い知った気がした。しかし、だからと言って、半ば強引でもある「三枝流改革」を改めようなどとは、小指の先ほども思わなかった。

第四章

喧嘩サラリーマン

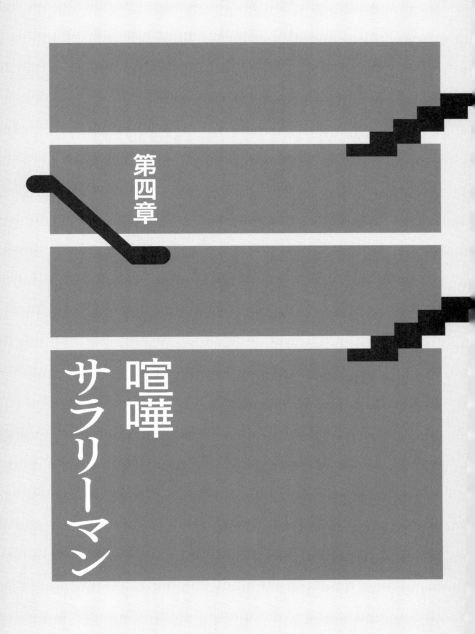

四十一歳になった三枝は課長時代を終えて部長に昇進する。

四十代になった時、三枝には決めたことがあった。一つは禁煙だ。ヘビースモーカーであった三枝だが、四十歳になった日を境に禁煙に踏み切った。今では、健康被害を理由に喫煙場所が制限され、愛煙家には住みづらい社会になっているが、それまで一日に二、三箱を吸っていたタバコを、三枝はその日を機にすっぱりとやめた。

もう一つは京都のお茶屋遊びだ。大阪JCの時代に、JCの仲間と一緒に何度も通った京都・祇園のお茶屋に足を踏み入れることを、自ら禁じた。

なぜ、喫煙とお茶屋遊びを自らご法度にしたのか。

それには、「男は四十代に仕事ができなくてはダメだ」という三枝流の哲学があった。そのためにはまず健康が第一である。いくら経営手腕が確かで頭脳が明晰《めいせき》であったとしても、身体が頑健でなければ仕事どころではなくなる。従って、肺がんリスクの高い喫煙をまず封じることにした。

次に、男が本気になる四十代は遊びにかまけている場合ではなく、仕事に没頭しようという意志の表れが、お茶屋遊びの封印であった。実際、四十代から社長になるまでの十数年間は、一度たりとも京都へ足を踏み入れなかったというから三枝の意志の強さを物語る。

その心がけを胸に秘めて、三枝は社長から直々に部長の辞令を交付されることになる。

資生堂、唸る

部長になると、阪神百貨店一階のフロア長に就任した。百貨店の「顔」ともいえる一階の売り場を任されることになったのである。

一階は化粧品や雑貨の販売スペース。化粧品の売り場では、資生堂やコーセー、マックスファクターなどの化粧品メーカーが売り場を確保し、各メーカーの販売員や美容部員らが百貨店にやって来るお客さんの応対に当たる。百貨店の役割はいわば場貸しである。

フロア長になると、売り場を取り仕切る課長が三枝にそっと耳打ちをした。

「化粧品売り場は外部の女性がメーカーからたくさん派遣されて来られていますので、フロア長は足を踏み入れない方がいいですよ。もし万一、売り場の女性と変な関係になって噂になると、部長の将来に傷がつくと思いまして……」と、進言した。

その進言に対して三枝は逆に反発した。本来、三枝は〝あまのじゃく〟の性格である。人が勧めることに素直に「ハイ、分かりました」とは決して肯《うなず》かない。

毎日、出社しては化粧品の売り場に行き、売り場の女性たちと仕事の話や雑談に興じた。それまでは、〝場貸し〟業の百貨店と、出店している化粧品メーカーの間には何の接点もなく、「勝手に化粧品を売っている」状態だったが、それに疑問を感じていた三枝は積極的にコミュニケーションを深めた。

新入社員当時、主任に抜擢された三枝は部下の女性社員たちに厳しくし、「鬼の主任」と呼ばれたが、その頃の三枝に比べると女性たちへの接し方はまるで百八十度転換していた。新入社員の時は、女性社員は直属の部下であり「なめられてはいけない」という気負いがあったが、化粧品売り場の女性たちはそれぞれのメーカーに所属し上下関係にはなかった。

売り場の女性たちといくら仲良くしても、不思議と「三枝部長と○○さんの仲が怪しい」という男女間の噂は立たなかった。

一方で、化粧品メーカーの女性たちは「わざわざ部長さんが来てくれはるから、頑張って売り上げを達成しなきゃ」と、張り切るようになった。モチベーションのアップにつながったのである。

こうなると、狙い通りに化粧品の売り上げが次第に上がり始めた。

売り上げが上がるということは、即ちフロア長としての三枝の評価が高まることに他ならない。

三枝は、阪神百貨店に派遣され売り場で商品を懸命に売っている女性たちこそ、大切にしなければならないと思った。彼女たちはきっと派遣元のメーカーからノルマを与えられて、それを達成しろときつく命じられているのであろう。百貨店は一銭の給料も支払ってはいないのに、そのノルマを達成してくれるからこそフロアの業績が稼げるのであった。

だったら、課長が自分に「女性だらけの化粧品の売り場には近づくな」と進言したことは全く的外れだと判断した。フロアの責任者として、彼女たちの頑張りを労《ねぎら》うのが自分の役割ではないのかと自分なりに解釈した。

三枝が仕掛けた女性販売員へのアプローチ効果は数字にも表れた。化粧品最大手、資生堂の売上高伸び率は全国でトップになった。早速、資生堂の大野良雄《おおのよしお》社長が三枝を訪ねて来て「お宅の百貨店だけ、どうしてこんなに売上高が伸びるんですか。その秘訣を伺いたい」と、不思議そうに質問した。

三枝は笑って「いや、簡単なことですよ。資生堂さんが派遣している販売員の女性たちと仲良くするだけのことですよ」と答えるのであった。

課長が進言した〝男女〟問題に、阪神百貨店の関係者全員がナーバスになりすぎてはいないかと三枝は思った。もしかすると女性問題で人生を棒に振った社員がいたのかもしれげた。

ないが、派遣されている女性たちとは必要なこと以外は口も利かないような冷たい空気が流れていた。よし、それなら女性問題を逆手にとってやろうと、三枝の悪戯心《いたずら》が頭をもたげた。

　仕事を終えた販売員の女性に「新地《しんち》へ行って飯を食おう」と誘った。女性は思いがけない「部長さん」のお誘いにどぎまぎしたに違いない。

「えっ、私なんかが三枝部長さんのお供をさせていただいていいんですか」

「構わないから、一緒に行こう」

　こうしてその女性と並んで仲睦まじく社員の通用門を通り、百貨店の外に出た。ところが、三枝の魂胆を見透かしたかのように、普段よく出会うはずの社員に誰一人として遭遇しない。

　店外に出ると夜の社交場である北新地は目と鼻の先だが、三枝は「俺と腕を組んで歩こう」と促した。「えっ、そんな恐れ多いことを……」と、女性はたじろいだ。

　今ならセクハラと言われかねないが、三枝は「構わん、腕を組め」と半ば強制的にその女性に自分と腕を組ませた。三枝はご満悦であった。社員でも取引先でも、誰かが北新地の大通りを歩いて来て、三枝が美人と腕を組んで歩いている姿を目の当たりにし、見てはいけないものを見てしまったような驚いた表情を浮かべるところを眺めたかった。あるいは、見て見ぬふりをして、伏し目がちに、にわか仕立ての「三枝カップル」の前を通り過ぎたかもしれない。

ところが、そんな日に限って、顔見知りの人物には誰一人として出会わないのである。

仕方なくその女性を伴って、三枝が馴染みにしているクラブのドアを開くと、その店のママが「あら、三枝さん、きょうは飛び切りの美人を連れてはるやないの。隅におけない人ね」と、ようやく期待通りの挨拶が返ってきたが、それはビジネストークであることを三枝も十分に知っていた。

「ハンカチをすべてケースから出せ！」

フロアの責任者だった三枝は毎日、一階を歩き回っていたが、常にお客さんの目線で売り場を眺めていた。

その頃のハンカチ売り場は、全国どこの百貨店であっても、ハンカチーフは全てガラスのケースの中に大切に仕舞われ、お客さんの「ちょっと、その柄を見せてよ」というリクエストに応じて店員がケースの中から商品を勿体ぶって取り出し、見せてくれる仕組みになっていた。

それは、「他人が自由に触ったハンカチなどきっと売り物にならない」「汚れた手でハンカチに触れそのまま散らかし放題で帰られたのではたまったものではない」という、売り手側の発想が理由であった。

三枝は自由に商品を見ることのできないような売り方に疑問を感じた。

「おかしな売り方をしているな。商品はお客さんに手に取って確かめてもらうのが普通やろ。高額な時計や宝飾品ならケースに入れて売るのは分かるが、たかがハンカチやないか。なんでそんな面倒くさい馬鹿馬鹿しい売り方をしているのか」という疑問である。

そして「ハンカチは全てショーケースから出せ。お客さんが自由に手に取って触れられるような売り場にしろ」と、号令をかけた。

それを聞いたハンカチメーカーの役員が三枝のところに飛んできた。

「三枝さん、ハンカチというもんは昔からきれいに畳んでケースの中に入れ、お客さんにケース越しに見てもろうて売るのがしきたりです。それやのに、全部ケースから出して並べるなんてことしたら、汚い手で触られて商品はわやくちゃや。他人が触ったハンカチなんか、気持ち悪うて誰も買いませんわ。ケースから出して売るなんてことは、してもろたら困ります」と、クレームを付けた。

「そんなこと言わはっても、お客さんの立場になってみたら、ケースが邪魔になって自由にハンカチを選ばれへん。いちいち店員を呼んで商品を出してもらうような七面倒くさい売り方は今のご時世に合いません。こんな売り方は即刻改めるべきです」と、三枝も譲らない。

「どうしてもケースの外に出すと言わはるんですか」

「そうです。一回やってみたらええと思う。やってみないと分からんでしょ」

「そんなに言いはるんなら、うちの商品は引かしてもらいますよ」

ハンカチメーカーの役員は脅しにかかった。

普通は商品を供給するメーカー側にそこまで言われたら、「では、やめておきましょうか」と、穏便にコトを済まそうとするのが常である。

ところが、メーカーの脅しにも屈せず一歩もひかないのが三枝である。

その翌日、三枝は売り場のハンカチを全てガラスケースから外に出して並べ、顧客が自由に手に取ることのできるように売り方を変えた。

すると、くだんのハンカチメーカーの役員が再び血相を変えて飛んできた。

「三枝さん、あれほど反対したのに、私の反対を押し切ってケースから商品を出しはったんですな。よろしい。それならばうちの商品はもう引かしてもらいます」

「そうですか。そりゃ、残念ですな。しかし今は売り場がお客さんでいっぱいやから、商品を引くのは明日以降にしてくれはりますか」と、動じない態度で告げた。

「分かりました」。ハンカチメーカーの役員は仕方なく額の汗を拭きながら三枝の言葉に従った。

ところが、売り場を変革して、商品のハンカチをお客さんが自由に手に取ることができるようになったその日から、売り上げは数倍に伸びた。

「勝手にハンカチを広げて、売り場は散らかし放題になる」とハンカチメーカーの役員が危惧《きぐ》したような事態にはならなかった。日本人の美意識は正常に機能するのである。顧客は皆ハンカチを広げて柄を見て、たとえ気に入らなくてもきちんと畳んで元の位置に戻した。

三枝は胸をなでおろした。

「ほらみろ。やってみないと分からないではないか。既成概念にとらわれた旧態依然とした経営手法からは何も新しいことが生まれない。信念に基づいて変革していくことこそが大事だ」と、三枝は一段と自信を深めた。

ハンカチメーカーの役員はその翌日、しおらしく三枝のもとを訪れた。

そして、伏し目がちに「どうやら、私たちの考えていたことは間違っていたようです。三枝さんの仰ることが正しかったと、今、分かりました」と、あっさりと白旗を揚げた。

「商品を全て引く」と威勢よく脅したあの勢いは最早なかった。

阪神百貨店のハンカチ売り場の変革を知った全国津々浦々の百貨店は、右へ倣えとばかりに、次々にケース売りを廃止し、顧客が直に手に取ることができるようになっていった。わずか一か月後には、全国のほぼ全ての百貨店が「三枝方式」に変えたという。

既成概念にとらわれていては何も新しいことは生まれない

三枝が一階のフロア長として取り仕切るようになった頃、「ミニチュアドール」と呼ばれる小さな家や家具、人形が、子供たちや若い女性の間でちょっとしたブームになっていた。

それに目を付けた三枝は、ミニチュアショップの売り場を一階に新設しようと考えた。「一階にショップができれば、多くの買い物客の目につき、きっと売り上げもアップするはずだ」と、確信した。

独断専行で移設を決めた三枝は、稟議書を回した。

それが社長であったKの目に留まり、三枝は社長室に呼ばれた。

「君はミニチュアショップを一階につくる気かね」

「そうですよ」と、何食わぬ顔で返事をした。

「若い女性の間でちょっとくらいブームになったからといって、あんな売り場をわざわざ大事な一階につくる必要はないだろう」

「いや、若い女性に人気があるから、一階にあった方がいいに決まってます」

「それは君の思い込みと違うか」

「そんなことはありません。きっと人気が出て話題の売り場になるはずです」

「そんな勝手はいくら君でも許さない。稟議を引っ込めろ」と、Kは語気を強めた。

「社長に許可しないと言われてもフロアの責任者は私だから、私がやると言えばやるんです」と、三枝も決して負けていない。

「じゃ、君、もし売り上げが落ちたら一体どうやって責任を取るんだ」

K社長は威嚇した。

「それなら社長、逆に聞きますが、売り上げが上がったらどうするんです」と、禅問答のように反論した。

Kは「うっ」と短い言葉を発して「もういい」と、突き放した。

結局、三枝の主張通りに、ミニチュアショップが一階に誕生したが、売り上げは三枝が期待したほどには伸びなかった。売り上げが伸びてK社長に得意顔を見せてやろうと目論《もくろ》んでいた三枝にとって、それは誤算であった。K社長もまた売り上げが期待ほど伸びないことを理由に三枝をなじらなかった。

珍しい三枝の失敗談といえるが、三枝は社長とバトルしたこの一件をそれほど気にはしなかった。「私のやったこと全てがうまくいったわけではない」と振り返る。

ただ、三枝もKもまるで用心して腫れ物に触れないかのように、この話題は一切口にせず、二人の間では禁句になってしまった。

「ハンティングワールド」――チャンスの摑み方

アウトドアのバッグ類を扱う高級ブランドに「ハンティングワールド」がある。

創業者のボブ・リーはニューヨーク生まれ。冒険家で建築家であり、環境保護の活動家でもあったボブはアフリカで狩猟暮らしをした後に帰国し、一九六五年に会社を設立した。ロゴマークは「牙のない仔象」。幸福のしるしであり、自由と蘇生のシンボルとしての思いが込められている。

三枝自身もハンティングワールドの鞄の愛用者であった。

ハンティングワールドのライセンス（販売権）を所有しているのは、総合商社の伊藤忠《いとうちゅう》商事であった。三枝は伊藤忠に対し「阪神百貨店にハンティングワールドの売り場をつくりたい」という提案を持ちかけた。

その品質に惚れ込んでいた三枝は、コレといった高級ブランドの出店がなかった阪神百貨店にどうしても「ハンティングワールド」のショップをつくりたかった。

伊藤忠の担当者は後に社長になる岡藤正広《おかふじまさひろ》らであったが、ハンティングワールド社の意向を受けて一階のフロア責任者であった三枝と交渉を進めた。

売り場となる場所の選定や、仮に売り場ができるとすれば外壁を壊してハンティングワールド専用の入り口をつくってほしい……などと、次々に注文というより無理難題が寄せられた。

三枝は「全く言いたい放題だ」と感じて憤慨《ふんがい》したが、それでも何とか出店してもらおうと粘り強く交渉に付き合った。交渉を始めてしばらく経った時に、創業者のボブ・リーが来日した。

三枝はチャンスだと直感した。

ボブ・リーの経歴についてもう少し詳しく紹介をすると、ハンティングワールドを創業する前、アフリカで過ごす間に密猟によって野生動物が絶滅の危機に瀕《ひん》していることを知り、環境保護を強く訴えるようになった。そして密猟者の一掃《いっそう》に乗り出すとともに、限られた数だけのスポーツ狩猟を推進し野生動物の積極的管理を成功させた。その後、「持続可能な生息数のための野生生物管理研究科基金」を設立し、環境保護をテーマにアフリカだけでなく国際協力のあり方を示すモデルを創設したとして知られる。

環境保護にかける創業者のそんな熱意を知り、ハンティングワールドの商品価格にも環境への配慮によるコストが込められていると思えば、少々高額であっても理解できる気がする。

そのボブ・リーを三枝は兵庫県西宮市の名料亭「播半《はりはん》」に接待した。播半は谷崎潤一郎《たにざきじゅんいちろう》の「細雪《ささめゆき》」にも登場する老舗料亭であった（その後、平成十七〈二〇〇五〉年に閉店）。三枝はその宴席でボブ・リーと腹を割って歓談し、その結果、阪神百貨店にハンティングワールドの出店が決まった。

前述のように、外壁を壊してハンティングワールド独自の入り口を新設するなど、三枝も条件面では一定の譲歩をしたが、それでも「いい売り場ができた」と自負するのであった。

勝負の引き際

海外の案件で三枝には一つ残念な思い出がある。

米国シアトルに本店を置く全米有数の大型百貨店チェーン「ノードストローム」がある。品質の高い顧客サービスで知られ、特に靴のサイズの品揃えは他店を圧倒するものがあった。三枝はどんな顧客も満足させられる接客術と在庫管理の方法について学びたいと考え、ノードストローム社を訪問。同社の販売方法や社員教育について話を聞いた後に、ノードストロームに隣接するショッピングモールを見学することになった。

さまざまな商品を販売するショップが軒を連ねる中、三枝の目はある店舗の飾り付けに釘付けになった。「イルミネーション」というキャンドルのショップである。キャンドルの灯りが赤、黄、緑……とまるで虹のように輝き、かぐわしい香りが漂う癒《いや》しの空間をつくっていた。

日本には生活の中にキャンドルを採り入れる習慣がなかったが、「イルミネーション」の見事な光の演出を目にして「これは日本でもきっとヒットする」と直感した。「よし、このキャンドル・ショップを日本に開設しよう」と心に決め、サンフランシスコにある「イルミネーション」の運営会社に連絡してアポイントを取り付けた。こうと決めたら行動に移すのが早いところが、三枝の真価である。

サンフランシスコのホテルで運営会社の社長に面会し、早速日本への出店を要請してみたが、「いや、三枝さん、日本の有名な企業からもたくさん日本進出のお誘いを受けているんですが当社は全米だけで手いっぱいであり、全てお断りしています。三枝さんにせっかく仰っていただいても、日本まではとてもお店を出せませんよ」と、期待外れの返答だった。それでも三枝は諦めなかった。

「単にビジネスというのではなく、こんなに美しいキャンドルライトを、繊細な感性を持つ日本人にぜひ見せたい。きっと感動するに違いない」と、熱く思いを伝えた。

すると運営会社の社長は「そんなに仰るのなら一度、当社の本社工場をご覧になりますか」と軟化の姿勢を示した。「喜んで伺いますよ」と約束し、一か月後にサンフランシスコのゴールデン・ゲート・ブリッジ（金門橋）から車で三十分ほど走った田舎町にある本社工場を訪れた。

そして、再び数時間にわたる商談。「どうしても日本に出店してほしい」という三枝の一途な熱意に根負けしたのか、「分かりました。では一度、検討してみましょう」と前向きな返事を引き出すことができた。そしてその社長は「日本の有名企業からのお誘いはみんなお断りしてきましたが、三枝さんのようにサンフランシスコのこんな田舎町にまで足を運んでくれた人はいませんでした。三枝さんのご訪問がとても嬉しく、私は気持ちを動かされました」と心情を吐露した。

さらに話し合いを重ねるうちに、「イルミネーション」運営会社の大株主が世界規模のコーヒーチェーン「スターバックス」会長のハワード・シュルツであることが判明した。日本で「スターバックス」の権利を得て日本法人を設立したのはサザビー社（現・サザビーリーグ社）。三枝はサザビー社と親しくしていたために、「イルミネーション」のショップ展開をサザビーに委託しようと目論んだ。話はトントン拍子に進むかに見えたが、結果的にこのプロジェクトは成立しなかった。

その理由は、キャンドルの特許を取得することができなかったために、誰もが「イルミネーション」を真似た店をつくることができ、将来的にこのビジネスを独占することが不可能であったためだ。

いくら惚れ込んでも、特許を取得できない商品のショップ展開は困難であることを、三枝は思い知り残念無念であった。

完成していた設計図を白紙に

舞台は再び、台湾に戻る。

台中初の百貨店づくりに成功し、桁違いにスケールの大きいオーナー宅に招かれた三枝であったが、次に高雄で百貨店づくりに力を貸してほしいという要請が寄せられた。

高雄は台湾第二の都市として知られ、南国ムード溢れる人気の観光スポットでもある。高雄には軍港があり、戦時中には三枝の伯父の部下であったという人も住んでいるらしかった。台北が東京であるなら高雄は大阪に似ていると、三枝は感じた。

高雄と台北は、現在では高速鉄道（台湾新幹線）で結ばれている。台湾新幹線は平成十九

（二〇〇七）年一月に開業したが、日本の新幹線の車両技術が初めて海外で導入された事例。最高時速約三百キロで台北～高雄間をノンストップ便では一時間三十分で結ぶ。もちろん、三枝が高雄で百貨店づくりに取り組んだ時期には、新幹線はなかったが。

その高雄に百貨店とホテルが入居する複合ビルを建設すると、三枝は聞かされていた。計画を進めるオーナーは、台中の百貨店づくりを通じてすっかり親しくなった国泰グループの総帥、蔡辰男。来来百貨店の台中店をつくったが、三枝に任せたことにより首尾よく開業できたことで、蔡は「彼に任せれば間違いはないだろう」と、全面的に三枝を買っていた。三枝も日本語が達者な蔡とは気心が知れた仲だけに、安心できた。

ところが、今回のプロジェクトにはオーナーがもう一人いた。侯西峰《こうせいほう》、台湾でも五指に入るといわれたゼネコン創業者、当時三十八歳。侯は日本語を解さず、台湾で「日本人は悪いやつ」と教える戦後教育で育った、気鋭の建築家であった。

三枝が見せられた設計図は、高層ビルを二棟建て、片方はホテル、もう片方は百貨店にするというものであった。その設計図を見せられた時、三枝は限られた土地のスペースに二棟のビルを建てる効率の悪さを見逃さなかった。しかも、これでは客が分断されてしまうと、咄嗟に判断した。

そこで、「建物を一棟にしてその中にホテルと百貨店が共存するべきだ」と主張した。

ところが、その設計図は米国の専門家に依頼して一年がかりで完成しただけに、蔡も侯も三枝の異論に対して「はい、そうですか」と、簡単には折れなかった。一年という歳月とともに、膨大な設計料も費やしていたからだ。

それでも三枝は、「一棟にするべき」と、頑として主張を曲げなかった。ツインビル（二棟）にすると、お客さんの導線がホテルはホテル、百貨店は百貨店で、明確に分かれてしまい、結果的にホテル客の来店が期待できなくなると、三枝は考えた。顧客の分断は百貨店事業が成功するには致命的欠陥であった。

「三枝さん、せっかく私たちが米国の設計家に頼んでようやく出来上がってきたプランです。何とかこれで百貨店とホテルを対《つい》にして二棟のビルを建設させてくださいよ」と蔡が説得を試みても、三枝は受け付けない。

「無理です。それほどの需要があるとは思えない。ツインビルにしたら共倒れになりますよ。ビルは一棟にするべきです」と、議論は平行線のまま、数時間が経過した。

蔡は三枝のことをよく知っていたが、三枝と仕事をするのは初めての侯は、異論を唱える三枝への不信感を強めた。戦後教育で「日本人は悪いやつ」を刷り込まれた侯は、最初から三枝に対する警戒心を解かない。

「三枝さんはビルを一棟にすることで、何か自分に有利なことを企んでいるのではないか。

日本人は信用できない」という猜疑心《さいぎしん》を持っていた。

前述したように台湾人は基本的には親日的だ。日本人旅行者とみると、日本語で話しかけてくる人も多い。台湾旅行をすると、飲食店で「これ、召し上がってください」と親切に自分の注文した台湾自慢のスイーツを少し分けてくれることすらある。が、中には侯のように大戦後に反日教育を受けて育った人もいたのである。

三人は膝を突き合わせて長時間にわたって議論した。

「一棟にした方が床面積が広くとれて絶対に効率的だ」

「逆にツインビルにすると、ホテルの客室が百貨店の買い物客から見えてしまうことになり、プライバシーの侵害になりかねない」

「一棟に集約した場合、この位置にエレベーターを設置すると顧客の導線がよくなる」

「ホテルと百貨店の共用部分はこのフロアに設けるべきだ」……などと、三枝はこれまでの経験から、正しいと思う意見を述べた。

その結果、侯にも、三枝が私利私欲で主張しているのではないことが理解できた。

そして、最終的に蔡も侯も三枝の言い分を受け入れることになった。

「分かりました。三枝さんがそこまで仰るのなら、設計を変更して一棟のビルにしましょう」

その決断とともに、米国の事務所に依頼した膨大な設計料はフイになってしまうのであった。それでも、三枝はビル一棟で開業する方がビジネスとして勝算ありと確信していた。ただし、設計を変更したことによって、完成は当初計画していた時期よりも二、三年遅れることになった。

こうして三枝の意見が通り、ビル建設が始まった。四十二階建ての高層ビル。それだけに地中深く杭《くい》を打つ基礎工事が重要であったが、土地が軟弱な地盤であったために、地下水が溢れだした。

すると、周辺住民が押し寄せてきて「ビル建設は許さないぞ」という反対運動が繰り広げられた。建設会社関係者らは建設現場近くの事務所に集まった反対住民と向き合い「地下水が溢れたことによって皆さんにご迷惑をおかけしたことは心より謝罪します。今後はこのようなことがないように、万全を期して工事を進めます。ビルが完成したら地元住民の皆さんにもきっと喜んでいただけるように致します」と、丁寧に説明した。

最初は「ビル建設なんてやめろ」と強硬な姿勢で臨んだ住民たちも、その説明を聞いて次第に納得してくれた。反対住民も地元にホテルと百貨店ができることで、暮らしに役立ち雇用創出にもつながるメリットを薄々感じていたのである。

こうして地下水漏れのトラブルについて、地元の理解を得ることができた。

それ以来、地元では目立った反対運動は起きず、ビル建設は着々と進められた。

目先の信用より、もっと大きな信用

完成までに五年を要した四十二階建てのビルは高雄のランドマークになったが、その間、三枝は阪神百貨店から十数人の部下を引き連れて、大阪と高雄の間を何度も往復した。商品の仕入れから売り場の構成、従業員の教育……と、台中の百貨店づくりの経験を生かして、万事を怠りなく進めた。

すると、日本人に不信感を抱いていた侯の三枝に対する態度が次第に変わり始めた。「百貨店づくりに一生懸命に取り組んでくれている」「三枝さんは単なる金銭目的や打算で動いているのではない」と、三枝の働きを高く評価するようになった。そして「日本人は悪いやつ」と教えられていたが、どうやら間違っていたことに気付いたようだった。

ようやくビルが完成し、開業を待つばかりになった。三枝は開業の一週間前から高雄に常駐し、オープン初日に備えていた。毎日、百貨店の売り場を見て回り、「準備はこれで万端だ」と開店を心待ちにしていた。

三枝が大阪から連れてきた部下たちも「部長、いよいよオープンを待つばかりですね。私たちの持ち場はいつお客さんが来られてもＯＫ。全て完了です」と、報告した。

ところが、開業の三日前に予期せぬ事態が発生した。全館停電である。三枝が館内を見回っている時、全館の明かりが消え、目の前が真っ暗になった。「これはまずいことになった」。咄嗟に思った。

停電はしばらく経って復旧したが、三枝は突発的で一時的なアクシデントとして済ますわけにはいかなかった。

ビル建設の幹部に、すぐにオーナーである侯を呼んでほしいと申し入れた。

午後三時、息せき切って侯が飛んできた。

「三枝さん、どうかしましたか」

ただならぬ気配を感じ取った侯が三枝に切り出した。

「侯さん、停電だよ。全館が真っ暗闇に包まれてしまった」

「それはこちらの手抜かりです。開業までに徹底的に調べて対処しましょう」と、侯は返事をした。

三枝は深刻な口調でこう告げた。

「このまま三日後に開業するのは危険だ。いや、無理だ。開業を延期してほしい」

その言葉を聞いて、侯の表情は引きつった。そして青ざめた。

「三枝さん、いくら何でもそれはできない」

「どうしてできない？」

「三日後の開業についてはチラシを撒き、テレビ広告も新聞広告も実施して周知を図っている。直前になって、今更延期ですなんて言えないですよ。信用問題にかかわる」

実際、開業を告知する広告費だけで数億円を費やしていた。

「侯さん、今は開業前だから停電になっても大きな問題にはならなかったけれど、もし、これが大勢のお客さんを迎える中で起きたとしたら、どうなる、パニックだよ。場合によったら死者やけが人が出ることも予想しなければならない。そんなことになってからでは遅いんだよ。だから、どうしても開業を延期して、停電の原因を突き止めたうえで、改めてオープンしてもらいたい」と、三枝は自らの主張を明確に述べた。

三枝は侯が口にした予定日に開業する「信用」よりも、もっと大きな信用のことを考えていた。

日本の百貨店が長年にわたり築き上げた信用とは、そこで売られる商品のクオリティもさることながら、安心、安全も大きな要素であることに相違なかった。阪神百貨店が関わりながら開業後に全館が停電してパニックに陥り、最悪の場合にはけが人や死者が出るようなことになれば、新たにオープンする百貨店ばかりか阪神百貨店の信用も失ってしまう。三枝にとって、どうしても譲れない一線であった。

張り詰めた空気の中で、押し問答が繰り返された。

「もし今回のような停電が起きたら、館内放送で落ち着いて行動するようにアナウンスし、お客さんを安全なところへ誘導しますよ」と侯。

「そんな悠長なことを言っている場合ではないよ。パニックになって群集心理が働き、我先にと階段に殺到してきっと将棋倒しになる。そんなことになれば、何人かが下敷きになって、下手をすると死人が出る。どうしても予定通りに開業するというなら、私は部下を引き連れて日本へ帰ります。責任が持てない」と三枝。

議論はかみ合わないまま、時間だけが徒《いたずら》に過ぎていった。

ビルの完成まで五年間の歳月を共にし、侯は意見を曲げない三枝の性格を理解していた。

夜の十一時過ぎ、遂に侯が「分かりました。開業を延期しましょう」と、渋々折れて決断を下した。九時間の議論の末であった。

「ただし三枝さん、一つだけ認めてほしいことがあります」

侯はすがるような目で三枝を見つめた。

「何ですか」

「三日後の開業予定日に、得意先の顧客（いわゆる外商客）だけは何としても招きたい。すでに早くから通知をして、三日後を楽しみにされている。仮オープンということで認めてもらえないですか」

三日後の開業予定日は、台湾の風水でも縁起のいい日とされていた。風水を重んじる台湾人の気質から、せめて外商客だけでも予定通りに招待したいという侯の切なる願いが、言葉ににじんでいた。

「それは侯さんの仰る通りに招待すればいいでしょう。一般のお客さんとは異なり、限られた人たちだから人数も少なく、混乱が起きるようなことはないでしょう」

「認めてくださって、ありがとうございます」

こうして仮オープンは譲ったものの、正式の開業日は三枝の意見が通り、延期されることになった。

百貨店の名称は、阪神百貨店から一文字を取って、「漢神百貨」と決まった。アルファベットのロゴは「HANSHIN」とした。

信頼しているからこそ許せないこと

安全上の理由から、百貨店のオープン日は延期となり、「やれやれ」とホッとした三枝は宿舎に戻った。侯と九時間にわたる激論を交わしただけに、身も心も疲労困憊《こんぱい》していた。

開業日問題も解決し、後は新たな開業日に向けて再度、気を引き締めてかからないと、また何が起こるか分からないと考えた。

その時、宿舎のホテルフロントから「三枝さんにファクスが届いています」と、連絡が入った。部屋に届けられたファクスの文面に目を通し、三枝の表情がみるみる鬼の形相に変わった。

文面はこう伝えていた。「開業日に台北からもう一人のオーナーである蔡が訪れるので、三枝もビルの正面玄関に立って蔡を出迎えるように」と。

三枝はなぜ、日本人である自分が台湾のオーナーのお出ましを恭《うやうや》しく出迎えなければならないのかと、文面を読んで激高した。自分は蔡の使用人ではなく、契約で百貨店づくりを手伝っているパートナーである。それなのに、ファクスの文面はあたかも使用人に対するような命令口調であったことに三枝は烈火のごとく憤《いきどお》った。

議論の末に疲れ果てていたことも三枝の怒りを倍加させた。

再び、先刻激論を交わした侯を呼び出した。次の日の未明である。

「三枝さん、今度は一体何事ですか」と、侯は驚いてすっ飛んできた。

三枝はファクスを侯に見せた。

「俺に蔡さんの出迎え要員になれとは、どういうことだ」と、大変な剣幕で問い詰めた。

「いや、これは三枝さんを怒らせようと思って書かれた文書ではない。蔡さんと三枝さんは親しいので、蔡さんの秘書がつい気を利かせて送り付けたに違いない」

侯は蔡になり代わって懸命に弁明した。

「いくら秘書が書いたとはいえ、私は蔡さんに命令される筋合いはない。日本人を馬鹿にしているとしか思えない」

「決してそんなことはない。私からも三枝さんのお気持ちを蔡さんに伝えるから、ここは穏便に済ませてほしい」。侯は泣きそうな目で訴えた。

「いや、このことを許すわけにはいかない。いくら侯さんから泣きつかれても私は日本人としてどうしても許せない」と言い切った。

普通のサラリーマンなら、取引先の相手と揉めることを好まず、ましてや相手が台湾人なら、国民性の違いもあるのだろうと考えて、コトを荒立てずに相手の言い分を認め、穏便に済ますのが常であろう。しかし、三枝の怒りはこの一件で頂点に達し、遂に爆発した。どうしてもプライドが許さなかったのである。

翌日、三枝は荷物をまとめ、帰国してしまうという挙に出る。

帰国便の中で、三枝は「俺はもう、阪神百貨店を辞めないといかんだろうな」と、覚悟を決めた。

蔡からの「出迎えろ」指令に激怒し、日本人としてのプライドをかけて帰国するという毅然とした態度をとったが、とはいえ、蔡は取引先のトップである。その権力は台湾において絶大であり、今度は蔡が三枝の勝手な帰国に対して不快感を覚え「阪神百貨店との取引はなかったことにする」と、一言言えば、阪神に入るはずの契約金の数億円がパーになる。そうなれば、三枝は阪神百貨店に対して多額の損害を与えたことになり、最早会社には居られなくなる。

三枝は蔡の桁外れの豪邸に招かれたことなど蜜月のあれこれを思い起こし、同い年で仲の良かった蔡との縁もこれで終焉を迎えたなと、残念に思った。

阪神百貨店の会社人生がこれで終わるとすれば、自分はこれから何をして暮らしていこうか。ハローワークに通って職探しをしなければならないかもしれない……と、三枝の思考は暗いトンネルの中をさまよった。

帰国した翌日、三枝は会社に出勤すると社長室にKを訪ねた。

Kは不思議そうに「三枝君、どうして帰国したんだ？　君が協力した台湾の百貨店が開業を迎えるんじゃなかったのか」と質問した。

三枝は正直に話した。「出迎えろ」指令のファクスが届き、日本人としてのプライドが許さず激怒して独断で帰国した顚末をKに告げた。

Kからは「勝手に帰国して相手が気分を害したら、契約金がおじゃんになるばかりか、ビジネスに大きな支障をきたす。君は何てことをしてくれたんだ」と、厳しい叱責を受けるものと覚悟した。ところが、Kは「そうか。よく帰ってきた」と、叱りもせず三枝を労ってくれたのだった。

ミニチュアショップの件では、三枝はKと論争を繰り広げたが、台湾の案件ではKは三枝に全幅の信頼を置いていた。そして三枝の性格もよく承知し、行動パターンを見抜いていたに違いないKは、「三枝が激怒したなら仕方がない。いずれ時機が来れば解決の糸口が見つかるだろう」と考え、事態を静観することにしたのであろう。それだけKは度量が広い人物であった。

この時ばかりは自分の行動に理解を示してくれたKに対し、三枝は感謝するとともに日本人としての〝同胞〟を感じた。

商慣習が異なる国へ送りこまれたら

高雄の現地から、新たな開業日は十日後、つまり平成七（一九九五）年五月某日に決まったと報告を受けた。

一方、その頃、高雄の新装百貨店にはオーナーの蔡がやって来て、三枝がいないことに気付いた。

「おや、三枝さんはどうしたんですか」。侯に尋ねた。

侯は、三枝が送られたファクスの文面に激怒して、日本に帰国してしまった顚末を蔡に話した。

コトのあらましを知った蔡は「えーっ、三枝さんがいない？　そりゃ困った」と大騒ぎになった。そして、「三枝さんには私からも誠意をもって謝罪するから、すぐに戻ってきてほしい。大至急、大阪にファクスを送って」と、蔡は秘書に命じた。

三枝は蔡からのファクスを受け取った。

「『出迎えろ』という文面を送ったことは、誠に申し訳なかった。秘書が私の気持ちを忖《そん》度《たく》してファクスを送ったとはいえ、その責任は自分にあるのだから心から謝ります。五月某日の開業日までにどうしても戻ってきてください」

蔡からのそんな文面のファクスが毎日、三枝のもとに届いた。

三枝も遂に折れて、高雄に戻ることにした。

蔡は「よく戻ってきてくれました。誤解から生じたこととはいえ、三枝さんは随分と気分を害されたことでしょう。でも、この記念すべき開業の日に、あなたが不在では格好がつきません。あなたがいなければきょうの日を迎えることはできなかったのですから」と、喜んで三枝を迎えた。蔡にしても決して三枝を自分の部下と同列に並べるつもりはなかったが、二人の関係を解さない秘書が、蔡の立場に配慮してファクスを送り付けたらしかった。

侯もまた、三枝が高雄に戻ってきたことを素直に喜んだ。

そして、侯は「風水によれば、三枝さん、あなたはきっと阪神百貨店の社長になる人だ。断言してもいい」と言った。そして後日、三枝の誕生日に、昇り龍を彫った翡翠《ひすい》の置き物をプレゼントしてくれたのだった。

今や、グローバル社会を迎えて、多くの企業が海外でビジネスを展開している。

海外では日本と商慣習が異なるケースも少なくない。台湾などは資本主義であり日本とそれほど商慣行が異なることはないが、原油の輸出で国家財政が賄《まかな》われる中東の産油国などはビジネスを取り巻く環境も日本とは大きく異なる。

例えば、利子の概念が否定されるイスラム金融などは、イスラム圏独特のファイナンス手法であり、よく予習をしてかからないと「利子を取らずにどうして金融業が成り立つんだろうか」と、さっぱり理解できないで終わる。

そんなビジネスのグローバル化の流れに沿って、三枝のように日本から送り込まれるビジネスパーソンは、総合商社ならずともこれからますます増えていくことであろう。

三枝は言う。「海外へ送り込まれたら、その場で判断しなければならない事柄に次から次へと出くわす。日本人サラリーマンは普通、自ら即断することを嫌い、『本社に持ち帰って検討します』とか『上司の決裁を仰いでお返事します』などと言って、自身の判断を回避するケースが多いが、そんな気の長いことをしていたら、せっかくのチャンスも逃してしまうしピンチは急速に襲ってくる。そして、自分の意思で物事を判断し、悪いものは悪い、良いものは良い……と決断できないと、海外でビジネスなんてできない」と訴える。

台湾ビジネスを通じ、百貨店づくりの功績と苦い経験を味わった三枝の言葉だけに重みがある。前途ある新入社員や若いビジネスパーソンたちは、三枝のこの言葉をかみしめるべきかもしれない。

台北で知った阪神・淡路大震災

少し遡るが「漢神百貨」開業に向け、三枝は平成七年一月、台湾・台北にいた。百貨店は高雄だが台北には取引先も多く、三枝は台北と高雄をしょっちゅう行き来していた。

台北の宿泊先のホテルでテレビをつけると、阪神・淡路《あわじ》大震災のニュースが流れた。

阪神・淡路大震災は平成七年一月十七日早朝、兵庫県・淡路島北部の明石《あかし》海峡を震源とし近畿圏の広域に被害をもたらした大地震で、阪神間や淡路島の一部では震度七の激震が襲い、六千四百三十五人の死者と約四万三千人の負傷者を出す大惨事となった。

それほど大変な惨事になっているとはつゆ知らず、現地でニュースを見て驚いた三枝は、早速、国際電話で自宅に連絡した。

電話口に出た妻・淳子に「大丈夫か。怪我はないか、被害はないか」と尋ねた。

「大丈夫よ。すごく揺れてガラスは割れる、食器は散乱する……と大変な地震だったけれど、幸いわが家には大きな被害はなかったわ。ただ、まだ余震が続いていて、怖いわ。でも、あなた、うちのことは心配しないでお仕事を優先してくださいな」と、逆に励まされた。

「そうか、その程度で済んだのなら、まだ良かった。なるべく早めに一旦帰国することにする」と言い置いて、三枝は帰国のため航空機に搭乗した。震災の被害で関西国際空港行きの便は目的地を変更して成田《なりた》に向かった。

機中でキャビンアテンダント（ＣＡ）の女性が「どちらまで行かれるのですか」と問いかけてきた。三枝が「大阪の会社へ帰るつもりだ」と話すと、ＣＡは「今、関西は大変なことになっています。当機も関西国際空港へは参りません。お客様も慌てて大阪に戻られるよりも、一旦、成田でゆっくりされる方がいいと思います」と、アドバイスをしてくれた。

成田空港に到着した三枝は、ＣＡの忠告に従って、とりあえずその日はホテルを予約して東京に一泊し、被災の状況を確認した。

翌日、大阪に戻ろうとしたところ、東海道新幹線が東京〜京都間は運行していた。「何とか大阪までは辿りつけそうだ」と、新幹線に飛び乗って京都に着くと、今度は在来線が尼崎まで運行しており、予定していたよりも一日遅れでようやく大阪に戻ることができた。

これほどの大地震は生涯で一度遭遇するかどうかだと、感じた。自宅のことも気にかかったが、阪神百貨店の幹部としての立場上、従業員の被害状況を把握しなければならなかった。が、その当時、携帯電話は普及していない。従業員各自の家庭に連絡を取るにも電話が不通となっているケースが多く、安否確認は一向に捗《はかど》らなかった。

それから一週間は会社に泊まり込み、復旧に向けて陣頭指揮を執《と》った。その後、ようやく車で自宅に帰ることにしたが、倒壊した家屋や寸断された道路網などに阻《はば》まれて迂回《うかい》せざるを得ない。丹波篠山《たんばささやま》から三田市を経由し約五時間もかけてわが家に辿りついた。

妻の淳子は「あなた、お帰りなさい。お疲れさまでした」と三枝を労ってくれた。

父、二郎の死

阪神・淡路大震災の大惨事を経験した三枝であったが、地震の発生時に自身は台湾の台北にいたため、突き上げるような強烈な揺れに見舞われたわけではなかった。そして自宅に帰ってすぐ、水道が復旧して蛇口をひねると水が出るようになったこともあり、深刻な被害を肌で感じることがなかった。それは不幸中の幸いであったかもしれない。

その頃、新聞、テレビのメディア各社の記者たちは阪神・淡路大震災の惨状を国内外に伝えるため、瓦礫《がれき》の山と化した被災現場を連日訪れ、取材に明け暮れていた。

三枝が大震災を経験して約一か月後の二月十五日、父の二郎が死去した。八十五歳だった。

二郎はバス会社を経営し、亡くなった時は会長であった。

実は、一人息子である三枝は、二郎の会社勤めを辞めさせようと画策していた。いくら経営者として手腕を発揮したとはいえ、八十五歳にもなって会長ポストに座り続けていては従業員の士気に係わる、八十五歳の高齢になれば会社経営から潔く身を引くべきだ——というのが理由であった。

亡くなる前年の平成六年末、三枝は父の会社に乗り込み、バス会社の社長に「父を会長から外してほしい」と直談判した。社長は困惑した表情で「いくら会長の息子さんでも、どうしてあなたに当社のトップ人事について口出しされなければならないのか」と、強く反発した。

当の社長も父の二郎によって採用されて社長に起用された人物であっただけに、恩人である父に弓を引くことなどできないに違いないと、三枝は理解した。

「分かりました。では、私から父に会長を辞めるよう進言します」

一方的に告げて席を立った。

そして、三枝がバス会社社長に宣言した任務を果たさねば……と思っていた矢先、父の二郎は、あたかもそれを察したかのように逝《い》ったのである。

もしも、三枝が父親に辞任を勧告していればどうなったことだろう。

「親父は高齢なのだから辞めろ」「愚息の分際でお前にそんなことを言われる筋合いはない」と、親子間で激しい口論を繰り広げることになったかもしれない。そう思うと、三枝は父が息子との口論を避けるために死去し、雲の上から「ほうら見ろ、決してお前の好き勝手にはさせないぞ」と、三枝に対して勝ち誇った表情を見せているように思えた。気難しそうな父の遺影を眺め、三枝は父の死をそんなふうに解釈した。

三枝は小学生時代に父の二郎に連れられて、最初で最後の親子旅行をしたことを思い出した。目的地に向かうバスの中で尿意を催し、周囲の乗客に勧められて空の一升瓶に用を足した無邪気な記憶が甦った。果たして父は自分をどんなふうに育てたかったのだろうと、ふと自問してみた。

兵庫県姫路市にある父の会社で社葬が営まれることになり、遺族を代表して三枝が喪主を務めなければならなかった。

父の会社の幹部が「どのような段取りで進めましょうか」と、聞きに来た。

三枝は「今は大震災で混乱している時期だから、とにかく早く終わらせることを最優先で考えてほしい。会葬者もきっとそう思っているに違いない」と、答えた。早く終わらせるために、各方面から寄せられた弔電の披露も取りやめにした。

ただ、一通、風変わりな弔電が送られてきた。差出人は東大寺《とうだいじ》の別当を務めた清水公《しみずこう》照《しょう》である。

電報の文面にはたった一言、「俺が勝った」とだけ、記されていた。

華厳宗《けごんしゅう》の僧侶である清水は独特の書画などで知られたが、父の二郎とは仲のいい友人同士であった。そして電文から推測するに、どちらが長生きをするか、二人で賭けでもしていたのであろう。清水は父が亡くなった四年後の平成十一（一九九九）年に没している。

その弔文が気に入った三枝は、これだけを読み上げようと決めたが、父の連れ合いである継母は「そんな不謹慎な電報は困ります」と、不快感を示したという。

三枝が父の社葬で何よりも嬉しかったのは、台湾からわざわざ侯西峰が駆けつけてくれたことであった。まさか、侯が海外から弔問に訪れるなどとは思ってもみなかった三枝は、彼の顔を見た途端、嬉しさがこみ上げた。

侯とは、ビルの設計変更に始まり、何度も丁々発止《ちょうちょうはっし》の議論を戦わせてきた仲だけに余計に嬉しかった。

普通の時ならともかく、震災で関西じゅうが混乱している中、侯が海を跨《また》ぎ地方都市の姫路にまで足を運んでくれたことに、三枝はなおさら感謝し感無量であった。

第五章

社長就任

台湾・高雄の「漢神百貨」が無事にオープンを迎え、三枝が帰国していた時に社長のKから「ちょっと話がある」と呼び出された。

「何だろう。何か指摘されるようなことを仕出かした覚えはないぞ」と、見当がつかないまま社長室のドアを叩いた。

自ら三枝を出迎えたKは、「まぁ、かけたまえ」とソファを勧めて自分も対面に座った。

「君、僕の後を引き受けてくれないか」。ズバリ切り出した。

つまり、阪神百貨店の社長をやれという内示である。

この時、三枝は部長から役員に昇任し、常務になっていた。自分が社長になるとは思ってもみなかった三枝は、その内示を受けてほんの一瞬、戸惑った。これまでの自分の会社人生を振り返り、破天荒に生きてきた軌跡に思いを馳《は》せた。そんな自分がこの組織のトップに立っても構わないのだろうかと自問したが、自分のことを百も承知である現社長のKが俺に「やれ」というなら、これまでのサラリーマンとしての生き方はあながち間違っていなかったことになると、ほんの一秒足らずで自己を分析した。

Ｋは阪神百貨店の中でも異色の人材であった三枝を大いに買っていたに違いない。三枝もまた別会社に出向した経験のあるＫのことを、純粋な百貨店マンとは違う感覚を持つ優れたトップであると認識し尊敬していた。

三枝の上には五、六人の上席役員がいたが、それを飛び越えての昇格となる。

「分かりました」と、三枝は次期社長への内示をすんなりと受諾した。

平成七年六月、三枝は晴れて阪神百貨店の代表取締役社長に就任した。

この時、三枝は自分が独断専行型のワンマン社長になるであろうことを予感した。

「会社のために自分のやりたいことを思い切って実行する。その代わり、全ての責任は社長たる自分にある」と、誓った。世間では会社の不祥事が起きるたび、社長は会見にも顔を出さずに雲隠れを決め込み、部下に責任を擦《なす》り付ける例も目立ったが、自分はそんな卑怯な社長には絶対にならないと、決意した。

そして、社長は十年務めて必ず辞めると決めた。十年以上、社長の椅子に座り続けるとろくでもない〝裸の王様〟になると思ったからであった。

サラリーマン社長とオーナー社長

会社の社長は通常、社員の中から能力を見込まれて登用されるケースと、オーナー家から選ばれるケースに大別される。一般にサラリーマン社長の場合は在任中に業績を落とさず、無難に経営をこなせばいいという思考が働き、大それた冒険を好まないものだ。それに比べ、オーナー社長の場合は会社の所有権と経営権を一手に握り、大胆な改革も厭《いと》わない経営に取り組むことができる場合が多い。

その法則に従えば、三枝は一社員から上り詰めたサラリーマン社長であり、本来なら手堅く保守的な経営者という範疇《はんちゅう》に分類される。ところが、そんな図式に当てはまらないのが社長・三枝輝行であった。

関西には個性あるオーナー経営者が多い。

オリンピックに多数のスポーツ選手を送り込む「ミキハウス」（大阪府八尾《やお》市）は、創業社長の木村皓一《きむらこういち》が一代で築いた子供服メーカー。女子柔道、卓球、カヌーなど、もともとマイナーであったスポーツを応援したいという木村の思いが結実し、今や〝五輪企業〟として知られるようになった。

「アート引越センター」のアートコーポレーション（大阪市）は創業社長、寺田千代乃《てらだちよの》の思いつきで会社がスタート。寺田の半生は拙著『アート引越センター　全員野球の経営』（PHP研究所）に紹介したが、「荷造りご無用」など女性らしいアイデアを次々に商品化し、それがヒットして会社が成長した。寺田自身も財界の要職に就くなど、女性経営者の代表格として活躍する。

洋菓子メーカー、エーデルワイス（神戸市）の創業会長、比屋根毅《ひやねつよし》は沖縄県石垣島の出身。「世界を舞台にした仕事がしたい」という夢を持ち、大阪にやって来て製菓会社で修業を積み二十八歳で起業。多くのパティシエを育てた立志伝中の人物だ。

外食産業のグルメ杵屋《きねや》（大阪市）。こちらも創業者の椋本彦之《むくもとひこゆき》が一代で築いた一部上場企業。椋本は生前、乞われて民営の卸売市場である大阪木津《きづ》市場や大阪府貝塚《かいづか》市を走る水間《みずま》鉄道の再建に乗り出したほか、学校経営も手掛けた。青少年の健全育成に正面から向き合い、ボーイスカウト運動にも熱心であった。

その椋本と親しかったのが、がんこフードサービス（大阪市）を起業した小嶋淳司《こじまあつし》。同志社大学の学生の頃から飲食店の開業を目指して繁盛店を独自に調査。大阪・十三《じゅうそう》でわずか四坪半の個人すし店を開業したのを皮切りに、庶民の財布に優しい店舗を次々に展開した。

焼き肉店「情熱ホルモン」で知られる五苑《ごえん》マルシン（大阪市）の創業社長、川辺清《かわべきよし》社長の半生は壮絶だ。若い頃、貧しい家庭に育った川辺は奉公先の靴屋で結核に罹患したことを悲観して鉄道自殺を図るが、栄養失調で痩《や》せすぎていたことが幸いして自殺に失敗し一命を取り留める。その後はそれまでの人生の不幸を埋め合わせるかのように、ツキに恵まれて事業が成功。この人のサクセスストーリーも感動を呼ぶ。

関西の起業家物語は枚挙に暇がないほどで、それぞれ個性派のオーナー社長が会社経営に優れた手腕を発揮している。

こうしたオーナー社長たちと比肩《ひけん》できるほど大胆な改革を打ち出し、「阪神百貨店に三枝あり」を認識させたという意味では、三枝は確かにその実態はサラリーマン社長ではなくオーナー社長に近い。三枝自身、前述のように「自分はサラリーマン社長だとは思っていなかった。遠慮や保身があれば、思い切ったことはできなかった」と明かしている。

利害関係のない友人を持て

永平寺《えいへいじ》というと福井県にある曹洞宗《そうとうしゅう》の名高い寺院である。その貫首《かんじゅ》を務める兵庫県加西市出身の宮崎奕保《みやざきえきほ》が「同郷の三枝氏が阪神百貨店社長に就任したことを大変喜んでおられる」と知人が三枝に耳打ちしてくれた。

永平寺の貫首といえば厳格な仏教僧として知られ、肉は一切食さず生涯独身を貫くという。そんな偉い方、三枝にとっては雲上人である宮崎貫首が、同郷であるというだけで自分のことを気にかけてくれたという事実に、三枝はいたく感激した。

「これはぜひ一度、お目にかかってお礼を申し上げなくてはならない」と思い、永平寺に連絡をして宮崎貫首への面会を申し入れた。すると数日後に永平寺から連絡があり、「正式な面会であれば御付きの僧侶が同席しますので、型通りのお話ししかできないと思います。それよりも、三枝さん、貫首はちょうど数日後に片山津《かたやまづ》温泉に静養に参りますので、ご同郷ということであればその機会にお会いになられたら如何ですか」と、気を利かせた提案をしてくれた。

約束の日時、永平寺の御用達《ごようたし》といわれる片山津温泉の宿に宮崎貫首を訪ねた。部屋に通されると貫首は写経をしていた。その姿は気高く誇り高く、そして近寄りがたいオーラを放っていた。正座をして待つ間に足にしびれを切らした三枝が最初に発した言葉は、「あのう、禅師《ぜんじ》様、胡坐《あぐら》をかいてもよろしいでしょうか」であった。

貫首は笑って「胡坐でも、そこの椅子に座るでも好きにされたらよろしい」と、優しく答えてくれた。その言葉に三枝は、雲上人が下界に降りてきて、そっと寄り添ってくれたかのように思えた。

「このたびは私が阪神百貨店の社長に就任いたしましたことに、禅師様もお喜びくださったと伺いました。ありがたくも勿体ない気持ちで本日、お礼に参上しました」

「大社長さんがわざわざこんなところまでおいでくださって申し訳ないですねぇ」

「いえいえ、とんでもないことでございます。ところで禅師様も兵庫県加西市のご出身とか……？」

「ええ、私も加西市の出ですよ」

　ここからは同郷のよしみで、子供の頃に近くの山に登り川辺で遊んだことや、互いの小学校時代の思い出話に花を咲かせ、気がつくと一時間以上が経過していた。

「おや、もうこんな時間です。禅師様とは初めてお目にかかったとは思えないくらい、私には楽しくも愉快なひとときを過ごさせていただきました。禅師様には明日もまたご予定がおありでしょうから、私が長居してお疲れになってもいけません。また、お目にかかれますことを楽しみに、本日はこれでお暇させていただきます」と告げて、三枝は部屋を出た。

　すると、部屋の前で様子を窺っていた秘書役の僧侶が、「三枝さん、禅師様にお会いになって十分以上話された方は、いまだかつて一人もおられませんよ」と目を丸くして驚きの表情を見せるのであった。三枝は〝同郷のよしみ〟をひしひしと感じた。

　三枝は、その会社員人生において「利害関係のない友人知人をたくさん持つ」ということを座右《ざゆう》の銘《めい》としてきた。利害関係のある関係先は自分に利益がないと見ると、あっさりと見限って去っていくのが常である。ビジネス上の付き合いとは、かくもドライである。逆に利害関係のない友人知人とは、順調な時も苦境に陥った時も、変わることのない関係を築くことができる。それは長いサラリーマン人生を支えてくれる最大の財産となる。

この永平寺の宮崎貫首との出会いも、社長に就任したばかりの三枝にとってさまざまな難局に遭遇した際に精神的な支柱となる大きな財産となった。

初対面で宮崎貫首と打ち解けた三枝は、その懐《ふところ》に飛び込むかのようにしばしば永平寺を訪ねた。そして尽きぬ故郷の昔話に、三枝も宮崎禅師も二人して時の経つのを忘れた。

ある時、とある高僧から「三枝さんは私たちと違って禅師様といつも楽しく語らいの時を過ごされますが、私たちは禅師様に仕える身であり、会話をする機会なんてないのですよ。何しろ禅師様というと仏様なのですから」と、告げられたことがあった。

そのうちに西暦二〇〇〇（平成十二）年が巡る。「ミレニアム」と騒がれ、もしかすると二〇〇〇年を迎えた途端、あらゆるところでコンピューターが深刻な誤作動を起こして世界中がパニックに陥るかもしれないと危惧された。三枝も社長として対策に追われたが、結局、年明けに大きなアクシデントは起きなかった。

その記念すべき二〇〇〇年の正月を飾る読売新聞の元日紙面に、百歳を迎えた宮崎貫首と同郷の三枝が新春対談をする記事が掲載された。テーマは「現代人と心」。三枝が「心のよりどころを求めている人が多い」と問題を投げかけ、宮崎禅師が「自分の分《ぶ》をよく知り、現状に満足することが大切や」と精神論を説いているが、現代社会にも通じる興味深い一節なので原文を引用しよう。

三枝　現代は物質的には豊かになりましたが、心のよりどころを求めている人がたくさんいます。どうすれば心安らかに生きられるのでしょうか。

禅師　東洋では心は根本なんです。人間はね、底のない袋みたいなもの。欲、欲、欲望のかたまりで、入れても入れても満足せんのや。だから、「知足安分」というて、自分の分をよく知り、現状に満足することが大切や。今の人は人からほめられたいとか、もっと名前をあげたいとかそんなことばかり考えて努力をせん。まず足ることを知って、努力をすることだな。

宮崎貫首は残念ながら平成二十（二〇〇八）年に百六歳で没したが、この禅師との対談は三枝にとって忘れえぬ思い出になった。

もう一つ、三枝には永平寺にまつわる忘れえぬ話がある。三枝の人脈は「なんでそんな人を知っているの」とよく言われるように、あらゆる分野に通じている。それは、前述したように利害関係のない友人知人をたくさん持つことで築かれたものだが、その一人に、愛知県立芸術大学の教授を務めた日本画家、布施伸介がいた。

布施は第一章で紹介したように、「岐阜県の古川町には面白いお祭りがあるから、貴重な体験ができますよ」と三枝に古川町訪問を勧めてくれた人物である。布施の勧めで古川町を訪れ、絶品の飛騨牛に出会ったエピソードを紹介したが、その布施が同大学を退官する時に個展が開かれ、三枝も招待を受けた。展示された絵画を鑑賞するうち、三枝の足は一枚の屏風《びょうぶ》絵の前で止まった。そこに描かれた、力強く雄々しい杉の大木に目を奪われた。そして布施に「見事な杉の大木ですね。これは一体、どちらで描かれたものですか」と尋ねてみた。すると布施は「それは永平寺の門前の杉ですよ」と答えた。

永平寺と聞いて、三枝には宮崎貫首のことがすぐに思い浮かんだ。「先生、せっかくですからこの屏風絵を永平寺に寄贈されたら如何ですか」という提案が思わず口を衝《つ》いて出た。布施は「三枝さん、そりゃ大変嬉しいご提案なのですが、残念ながらその絵はすでに売れてしまっているんですよ」と申し訳なさそうな表情を見せた。

その会話を聞き逃さなかったのは、そばにいた布施夫人であった。

「あなた、せっかく三枝さんが仰ってくださるのだから、永平寺でお受けくださるなら寄贈いたしましょうよ。とても名誉なことじゃないですか。お買い求めくださった方には、事情を話せば理解していただけるのではありませんか。いや、きっと喜んでくださいますよ」

俄然《がぜん》乗り気になって布施の説得にかかった。布施は暫《しば》し考えた後、「三枝さん、それでは永平寺に聞いていただけますか」と寄贈を決断した。

翌日、三枝は永平寺の秘書役に電話をして、布施の屏風絵を受け取ってもらえるかどうか、宮崎貫首に尋ねてほしいと依頼した。すると早速、秘書役から「禅師が受け取ると申しております」という返事があった。

贈呈式で宮崎貫首が「永平寺の宝として大切にします」と礼を述べると、感極まった布施は大粒の涙をこぼして喜んだ。

それを見た三枝は、差し出がましいとは思いつつ、宮崎貫首に「せっかくの屏風絵も蔵に仕舞われてしまっては何の役にも立ちません。どうでしょう、禅師様の謁見《えっけん》の間に飾られては……」と、勧めてみた。三枝の提案に、宮崎貫首はおそらく内心ニヤッと微笑んで従うことにしたのだろう。それ以降、宮崎貫首が新聞、テレビに登場するたび、布施の屏風絵が背景の役目を果たすようになったのである。

銀行と対等にモノを言うには

社長業に話を戻そう。

さて、社長になって阪神百貨店のバランスシート（貸借対照表）を改めて見直すと、銀行からの借入金が約数十億円にのぼっていた。個人であれば、普通は住宅を購入するなどの目的があって借金をする。三十年の住宅ローンなど長期の返済計画を組んで毎月その金利を払っていると、返済金の総額は借入額の二倍程度に膨れ上がるものだ。従って、少しでも余裕ができると繰り上げ返済に回し、できるだけ短期にローンの返済を終えてしまうことが賢明とされる。

基本的には企業も同じで、不要な金をいつまでも借りておく必要はない。阪神百貨店にとっても、銀行借入金は金融機関とのいわばおつき合いであり、その金利負担だけでも馬鹿にならない金額にのぼった。

三枝はこれをきれいさっぱり返してしまおうと考えた。早速、経理担当の役員を社長室に呼び「この借入金を全額返済すると、銀行に言ってくるように」と指示した。

役員は「えっ、社長、そんな無茶な……。その銀行はうちのメーンバンクで、何かあった時には助けてもらわないといけません。借入金は銀行とのおつき合いの〝保険〟みたいなもので、それを全額返済したら、銀行に何を言われるか……」と、困った表情で反対論を述べた。

「それは銀行の論理やろ。うちにとって不要な金でも、貸し付けておくだけで金利収入が上がるのなら、そんなおいしい商売はない。うちにとっては全く要らない金だから、耳を揃えて返して来い」

経理担当役員は「えー、そんなことを言われても……」と、重い足取りで社長室を後にした。

案の定、担当役員が銀行に出向いて三枝の意向を伝達すると、銀行側から「勝手に返されては困ります。長い取引の中での借入金なのですから。また、当行はお宅の親会社である阪神電鉄のメーン銀行でもあるのですよ。それを分かって仰っているのですか」と叱責され、肩を落として三枝に報告にやって来た。

そして「私はもうこれ以上、借入金の返済を申し入れることはできません。これ以上、銀行さんのご機嫌を損ねると、会社同士の大問題になります」と弱音を吐いた。

三枝は「それなら、借入金の全額を黙って銀行に振り込め」と指示した。こうして三枝の指示通りに借入金は振り込みによって全額が返済され、「三枝阪神」は身軽な完全無借金経営になった。

通常、多くの企業は明確な資金調達の目的がなくても取引先の銀行には借入金があり、いざという時には、さらなる融資を仰いで資金面で銀行に助けてもらうケースが多い。そして銀行からは人材を受け入れ、いわば企業と銀行は「持ちつ持たれつ」の関係であることが一般的であった。

それだけに三枝の全額返済は、そんなビジネス慣習を打ち破る大英断であった。経理担当役員が恐れていた銀行からのしっぺ返しや会社間のトラブルに発展することもなく、それ以後はその銀行の副頭取や専務が三枝のもとをよく訪れるようになった。「借入金を返済されては困る。もう一度借りてほしい」などと、泣き言を並べに来たわけではない。銀行の取引先について「三枝さん、ここの企業の経営についてどう思われます？」などと第三者としての意見を求められたり、相談をしに来るのであった。

「借金があるとパワーバランスでは貸し手の方が強いが、借入金をゼロにすると銀行と対等にモノが言える。上下関係が解消した」。この一件を通じて三枝はすっきりとした。

年始挨拶を取りやめ、中元・歳暮も廃止に

古い慣行を打破し徹底的に無駄を排するという意味で、三枝は合理主義者である。納得できないものに関しては、決して従来のやり方を踏襲《とうしゅう》しない。合理主義者の改革は百貨店に大きな旋風を巻き起こす。

当時、年始の百貨店の営業日は一月三日であった。その日になると、取引先のトップらが「新年おめでとうございます。本年も変わらず、何卒よろしくお願い申し上げます」と、次から次へと、三枝のもとを訪れた。その間、年始の挨拶を拝受する側の三枝をはじめ阪

神百貨店の役員らは、午前十時の開店時から午後二時頃まで立ち詰めで取引先を迎えなくてはならない。

「新年おめでとうございます」の年始挨拶など誰もが同じ口上を述べて帰っていくのであったが、三枝はそれに疑問を覚えた。

「こんなくだらないセレモニーは今後、やめるに限る」

三枝は即刻、取引先に伝えて年始挨拶の拝受を廃止した。廃止しても何の支障も起きなかった。

次の改革は中元・歳暮である。夏のギフトである中元や、年末の歳暮は、お世話になった人に感謝の意を込めて贈る日本独特の習慣で、百貨店にとっては一定の売上高を稼ぐ主力イベント。毎年、中元、歳暮のシーズンになると、各百貨店には特設コーナーができ、顧客からの配送の注文を受け付ける。阪神百貨店にとっても中元、歳暮は〝ドル箱〟の重要な商戦であった。

しかし、顧客が心を込めて大切な人に贈る本来の中元、歳暮は別にして、百貨店の社長である三枝の自宅には取引先から山のような中元、歳暮の品が届いた。三枝のみならず阪神百貨店の役員、そして商品を扱う売り場の部長や課長にも、取引先からは儀礼として中元、歳暮が送られてくるのが慣例になっていた。

送られてくる商品は、全てが阪神百貨店の中元、歳暮のギフトカタログに掲載されている商品であり、三枝ら阪神百貨店の幹部に対する付け届けも、阪神百貨店の売り上げに大きく貢献していた。

百貨店の社長ともなると何千社という取引先のほぼ全てから商品が届く。自宅にいると十分おきにピンポーン、ピンポーンと呼び鈴が鳴らされ、宅配業者によって次から次へと届けられる商品で、六畳の間がいつの間にか荷物置き場と化してしまうのである。

それほど多くの商品が届くと、どこの取引業者から送られてきたものかなどは見もせず、そのまま積み上げられていくばかり。

この慣習にも三枝はメスを入れようと考えた。

役員会で「取引業者が中元や歳暮を、私をはじめとする阪神の役員や幹部社員に送るのは、今後一切やめてもらおう」と、いきなり提案した。

それを聞いた役員全員が色をなして反対した。

ある役員が「社長、お言葉ですが中元、歳暮の売上高のうち取引先が我々に送ってこられる商品も大きなウエイトを占めている。もしもそれを廃止するなら、売上高が大きくダウンします。間違いなく業績が悪化します。いくら社長のご提案でも、私はみすみす売り上げをダウンさせるような方策には断固として反対です」と、述べた。

確かに、その役員が言うように、取引先みんなが阪神百貨店の商品を「お買い上げ」してくれるのだから、年間数億円の減収になることが予想された。

それでも三枝は「減収になっても構わない」と覚悟を決めた。

そして「こんな中元、歳暮は、社長や専務、部長といった役職に対して送られているものや。いわば虚礼や。そんなくだらない慣習は、他の百貨店の先頭を切ってうちがまずやめてしまおう」と、譲らなかった。

虚礼とは「うわべばかりで誠意を伴っていない儀礼」のことで、それをやめることによって多くの手間やコストが省ける。

「売り上げのダウンはどうするのですか」と、ある役員はさらに食い下がった。

「その分の減収は構わない」と、三枝は改めて返答した。

中元、歳暮の廃止について反対意見はやまなかったが、最終的には社長の判断が通ることになる。

早速、取引業者に対して通達が送られた。

「当社の役員、幹部社員に対する中元、歳暮は今後一切辞退します」

その文面を見て、ある取引業者は「よかった。これで送らなくて済む」と喜んだが、別の取引業者は「待てよ。こんな通達が来たからといって信じていいものか。そう簡単に中元、歳暮を廃止していいのだろうか」と疑心暗鬼であった。中には、「お宅、どうします？」「いや、うちは去年と同じように送りますわ」などと、取引業者同士で対応を協議するケースもあったようだ。

この結果、通達を出して一年目には中元、歳暮は半減した。

三枝はそれでも減らない中元、歳暮は送り返そうと決めた。役員や幹部社員に、取引先から自宅に届いた中元、歳暮を会社に持参するように指示をした。そして、集まった中元、歳暮の商品を丁重な送り状とともに、阪神百貨店から送り返した。

そうすると、二、三年後には誰も中元や歳暮の商品を送ってこなくなった。

いかに虚礼であったかがこれで証明されたし、いちいち付け届けをしなくて済む取引業者の方もきっと安堵しているはずだと、三枝は思った。

ただ笑い話は、これまでは贈り物で間に合っていた醤油や砂糖、食用油や飲料などをスーパーに買いに走らなければならなくなったことだ。

中元、歳暮の廃止ついでにもう一つ、三枝が消滅させた案件がある。中元、歳暮の新聞広告だ。

三枝は販売促進部長を呼んで「中元、歳暮の新聞広告をやめよ」と指示した。

すると販促部長は「そんなことをしたら、売り上げがガタ落ちになりますよ。他の百貨店はみんな中元、歳暮の広告を出しているのに、わが社だけがやめるなんて……」と反論した。

三枝は「新聞で広告をしなくても、消費者はみんな時期が来ればどこの百貨店でも中元、歳暮商戦をやっていることくらい知っている。新聞広告をやめて売り上げが減少するかどうか、一度試してみろ。もしも広告代理店から『阪神さんだけどうして広告を出さないんですか』と尋ねられたら、『出したいけれど、お金がないんですよ』と答えておけばいい」と販促部長の反論を受け付けなかった。

その結果、中元、歳暮の売り上げは減少せず、新聞広告代に充《あ》てられていた数億円が浮いたのだった。

ハナっからこれは無理と決めつけず、何でも試してみること

その次に手を付けたのは、エレベーターガールであった。

百貨店のエレベーターには、制服を着た妙齢の女性が立ち、「三階、婦人服売り場でございます」などと、丁寧に案内をしてくれる。阪神百貨店ではエレベーターガールとして数十人が働いていたが、三枝は「それは必要なサービスだろうか。過剰ではないか」と、疑問に思った。

今や、エレベーターのないオフィスビルなどないが、企業を訪問する際には誰もが自分で行き先階のボタンを押す。百貨店だけ、いつまでエレベーターガールがお客さんの行き先階を聞いて懇切丁寧に案内をしなければならないのか。時代遅れではないか……。

「よし、エレベーターガールを廃止しよう」と、決めた。

これにも役員陣からは反対の大合唱が沸き起こった。

「オフィスビルと違って百貨店のように不特定多数のお客さんがやって来るところでは、エレベーターガールの誘導が必要です」「エレベーターに乗られたお客さんが、エレベーターガールのいないせいで、万一、怪我をしたり事故に遭われたりしたらどうしますか」

そんな反対論を聞いても、三枝の裁定《さいてい》は覆らない。

「ハナっからこれは無理と決めつけず、何でも試してみること」が、三枝の信条である。

「美人のエレベーターガールを目当てに来られるお客さんを除いて、今の時代には不要だ。やめよ」という、鶴の一声で廃止が決まった。

一部の役員が危惧したような、怪我や混乱などは一件も起きなかった。

銀行からの借入金、中元・歳暮、エレベーターガール……と、次々に廃止を決めた三枝の経営には、前例を踏襲することとは正反対な「改革者魂」が色濃く投影されている。過去から引き継がれてきた慣習には、それなりの意義があったのであろうが、三枝はそれを無批判に良しとせず、納得のいかないものにはズバッと斬り込んだ。それは物事の本質を見極め、合理的に判断した帰結であった。

銀行追い出し作戦

三枝にはもう一つ、目障りな存在があった。

阪神百貨店の一階にはS銀行の大阪駅前支店が入居していた。普通、銀行は午後三時に閉店する。百貨店にとってはまだまだこれからお客さんの来場が期待されるという午後三時に、片方でシャッターが下りて店仕舞いをされたのでは、やる気が削がれるというマイナス効果しかない。銀行にとっては百貨店の買い物客を銀行の顧客にできるというメリットがあったかもしれないが、百貨店には銀行に入居してもらうメリットは何もないと判断した。このため三枝はS銀行を追い出してやろうと、策を練った。

初めは銀行の支店長に「こんな百貨店の一角で銀行を開いていても、大口のお客さんは来ないでしょう。他にもっといい立地があるのと違いますか」と、冗談っぽく退店勧告を匂わせた。

支店長は「またまた、三枝社長はお人が悪い。私たちに出ていけと言うんじゃないでしょうねぇ」と、にんまり笑って冗談トークで返してきた。

その後も、「こんな百貨店の端っこじゃ、儲からないでしょう」「ここを出て梅田の一等地に店を開かれては……」などと、退店を促すような会話を続けた。

支店長は異動で何人かが入れ替わったが、そんなことはお構いなしに「出ていけ」コールを続けた。

ある神経質な支店長は「うちはお宅のメーンバンクですよ。そのメーンに対して『出ていけ』というのは、いくら三枝社長でも聞き捨てならない。大問題になりますよ」と、本気で反発した。

「一体、当行のどこに問題があるんですか」という質問に、三枝はズバリ「三時に店が閉まる銀行は、百貨店にとって邪魔なんですよ」と、歯に衣《きぬ》着せなかった。

S銀行に出ていってほしいという三枝の願いは、頭取・西川善文《にしかわよしふみ》の耳にも入った。「最後のバンカー」といわれた西川は、後に日本郵政の初代社長も歴任する。三枝は西川とは旧知であり、三枝の性格をよく知る西川は、「三枝君がそんなに言うなら、阪神百貨店の一角で商売していてもダメかもしれんな」と、ため息交じりに漏らしたという。

そして、三枝が「出ていけ」コールを発し始めて三年が経過した頃、S銀行の幹部役員がやって来て「阪神さんのご意向を踏まえ退店することを役員会で決めました。長い間、お世話になりました」と、報告した。

三枝は内心「やったー」とばかりに快哉を叫んだが、「そうですか」と殊勝な面持ちで応対した。

ところが、この退店に伴って阪神側に大きな負担がのしかかってくることが判明する。S銀行から出ていく方針が伝えられた数日後、社長室に営繕《えいぜん》担当者が息せき切って駆け込んできた。「社長、大変です。銀行さんに出ていってもらうのはいいのですが、銀行さんが使っておられる大きな金庫があります。この金庫を解体して店舗を元通りにするのに、見積もりによると一億数千万円もかかります。うちから『出ていってほしい』とお願いしたわけやから、この費用はうち持ちですわ」と一気にしゃべり終えた。

「えっ、そんなにかかるのか。もうちょっと、どないかならんのか」

想定外の出費がかかることに三枝は驚いた。

「少なく見積もって一億数千万です。どないもこないもなりません」

三枝は「うーん」と、天井を仰いで考え込んだ。多額の金庫破壊料までこちらが負担して退店してもらうのでは割に合わない。そう判断した三枝は手のひらを返したようにS銀行に「やっぱり退店せずに居てほしい」という意向を伝えた。S銀行にとっては「えっ、あんた、『出ていけ、出ていけ』って、あれほど言うてたやないの。一体どっちやねん」と、戸惑ったに違いない。

再び情勢が変わる。その一年後のこと。S銀行が支店の統廃合を決め、「阪神百貨店の一角」の大阪駅前支店は別の支店に統合されることになった。こうなると、S銀行の事情による退店なので金庫破壊の高額な負担は、銀行持ちということになる。

S銀行大阪統括の役員が三枝のもとを訪れた。異動で大阪に赴任したこの役員は三枝とは初対面であり、これまでの「出ていけ」騒動の経緯を知らされていなかった。ただ、三枝という社長は「一筋縄ではいかない、かなり怖い人物だ」とだけ聞かされていた。

それだけに統括役員は三枝を決して怒らせまいと、びくびくしながら丁寧な口調で話した。

「三枝社長、このたびは当行の事情により阪神百貨店さんから撤退させていただくことになりました。誠に申し訳ございません」。深々と頭を下げて、三枝の顔色を窺った。

三枝はその口上を聞いて「それは結構なことです」と、嬉しそうな表情を浮かべた。

統括役員は「あれぇ！」とさぞ、拍子抜けしたことであろう。

こうして、三枝が長年にわたって邪魔者扱いしていた銀行支店は円満に退店することになり、金庫の解体も銀行持ち……という、三枝にとっては願ってもないハッピーな結末を迎えるのであった。

三枝は「不可能と思っても、言うてみるもんや。そのうちに予期せぬことが起きて、事態がいい方向に転がりだすこともある」と、述懐する。

勝利の法則は現場にあり

三枝が社長になる時に決めたことは、「社長室に籠らず時間があれば現場に出ること」であった。どんな仕事であっても「現場が大事」というのは、よく耳にするフレーズだ。現場には業績アップにつながるヒントが転がっているケースが決して少なくない。ただ、そのヒントを見つけることができるか、できないかは、その人の経営センスの問題であろう。

三枝も現場、つまり百貨店の売り場第一主義を掲げ、暇を見つけては各フロアを回った。すると、ワンマンの三枝を恐れる男性社員の多くは三枝と目を合わせないようにしながら、顧客対応に追われたり、商品管理に熱中していたり……という仕事人間を演じた。

そんな中、三枝は努めて女性社員と会話するようにした。初めは「コワい社長さんが来た」と敬遠されがちだったが、三枝の方から「ねぇ君、今、この売り場では何が売れてるの？」「お客さんからの要望は何かな」……などと、気さくに声をかけた。

そのうちにコワモテのイメージは薄れ、女性社員たちも三枝を見かけると「あっ、社長、きょうはめっちゃ売れたんですよ」などと一日の出来事を伝えたり、社長室にも遠慮なしに入室して「私はこんな商品を扱った方が絶対売れると思うんですけれど……」と、率直に思いを打ち明けるようになった。

三枝は女性社員と接することで、新鮮なナマの情報を仕入れることができた。

時には売り場の幹部男性よりも早く、女性社員のルートで耳寄り情報をキャッチし、「えっ、社長、そんなことまでご存じなんですか」と幹部男性を驚かせた。

阪神百貨店のオリジナルに、「ナショナル・ショールーム」という売り場があった。売り場面積は約四百坪（千三百平方メートル）。そこには松下電器産業（現・パナソニック）の家電商品が勢ぞろいし買い物客には好評であったが、松下側の事情で撤退することになった。

松下に撤退されると広いスペースがぽっかりと空く。その後をどう埋めるかについて社内で議論をすると、「一番売れ筋の婦人服売り場にしましょう。間違いなく売り上げが増えます」という意見が優勢であった。

三枝は「いくら売り上げが増えても、そんなありきたりな売り場には絶対にしたくない」とその意見をあっさりと却下し、ナショナル・ショールームの〝跡地〟活用について女性社員三人に委ねることにした。指名された女性三人に対し三枝は、「売り上げのことは一切考えなくていい。自由な発想で話題になるような売り場を考案してほしい」と、課題を与えた。そして、「上司には相談するな。君たちの感性だけで売り場づくりをしてほしい」と念を押し、上司に当たる男性社員には「余計な口出しをしてプレッシャーをかけるな」と厳命した。

特命を受けた女子チームは三枝の期待に応えようと、毎日遅くまで残って、あれやこれやと調査しディスカッションを重ねて阪神百貨店ならではの売り場づくりを研究した。

そして、導き出した回答が「美と健康と癒し」をテーマにした商品の売り場であった。三枝は「よし分かった。それで行こう」と即座に同意した。

「美と健康と癒し」の売り場には、自然派の化粧品や肩の凝りや脚のむくみを癒すマッサージ器、安眠できそうな枕、暖かく包み込んでくれる羽毛布団など、通常の売り場にはないこだわりのグッズが取り揃えられた。

この「美と健康と癒し」売り場は新聞、テレビなどメディアにも取り上げられて話題になり、売り場を訪れる女性客が増加した。売り上げは当初案の婦人服ほど期待できなかったものの、三枝の狙いに適った売り場になった。

その後、「女性の活用」が経済界ではトレンドになったが、三枝はすでに一九九〇年代のうちに女性社員の感性に委ねた売り場をつくり、女性活用の成果を収めていたことになる。

現場主義といえば、社長業に追われる中、三枝に初孫ができた。女児であった。可愛くてたまらない孫のために、ベビー服を買ってやろうと考えて子供服売り場へ赴いた。今まで足を踏み入れたことがなかった子供服の売り場は、人目につかない八階の隅っこにあった。おしゃれでセンスのいいベビー服を孫のために探したが、今ひとつ気に入る商品が見当たらなかった。それでもようやく納得のいく商品を見つけ、初孫への贈り物として買い求めたが、「うちは子供服の品揃えが悪いな」と感じた。

子供服は少子化の影響もあって、売り場を縮小する百貨店も少なくなかったが、〝シックスポケット〟を当て込んで逆に充実させるという戦略も理にかなっていた。シックスポケットとは、子供にとって両親と父方、母方双方の祖父母を合わせて六人の財布から、お金が注ぎ込まれる現象だ。

三枝は初孫のために、品揃えの少ない中からベビー服を探し当てた自らの経験を通じて、子供服売り場をもっと日の当たる売り場にしようと決め、八階の片隅から六階の人目を引く売り場へ引っ越しをさせて、品揃えも充実させるように指示をした。

もともと初孫のためのベビー服探しから始まった個人的な動機がきっかけではあったが、意外に「阪神百貨店に行くとセンスのいい子供服が揃っている」と評判になり、売り上げも増加した。

いやな予感

三枝は台湾の台中と高雄で百貨店づくりに取り組んだことで、台湾でもその名を知られるようになった。すると、世界は狭いもので、その実績は他のアジアの国々でも知られるようになり、今度はインドネシアの要人から首都のジャカルタに百貨店をつくるので協力してほしいという要請が届いた。

インドネシアでの百貨店づくりの要請は、三枝流の仕事術が海外でも十分に通用することを示す証左であった。コトは順調に運ぶものと予想されたが、思わぬ出来事が三枝の前に立ちはだかった。

インドネシアは東西に約五千百キロと長く、大小合わせて一万三千の島々からなる島嶼《とうしょ》国《こく》であり、面積は日本の約五倍、人口は約二億五千万人と日本の約二倍にのぼる。世界最大のムスリム（イスラム教徒）を抱える国としても知られる。外務省が公表しているインドネシアの基礎データによると、一人当たりＧＤＰ（名目）は三千八百ドル（二〇一七年）である。

当時も途上国の域を出なかったが、三枝は首都のジャカルタに百貨店ができると、人口比率から考えて十分に勝算はありと読んだ。

百貨店建設のオーナーはタンという人物であった。タンはインドネシアの経済界で一目置かれる要人であり、タンに誘われて観光で有名なデンパサール（バリ島）を訪れた。「せっかくバリに来られたのだから、ひとつゴルフをやりませんか」という誘いで、ゴルフ場に赴いた。クラブなどは現地で借りてプレーを楽しんだ後、「では昼食にしましょう」ということになった。

タンは三枝に顔を寄せ「面倒ですがクラブもボールも持って行ってくださいよ」と耳打ちした。三枝は「日本のゴルフ場ならいちいちクラブハウスに持ち込むことなどないのに、国が変わればおかしな習慣があるものだ」と思いながら、タンに従った。

さて食事が済んでプレーを再開。すると、二、三ホール先でキャディらがプレーヤーの打ったボールを袋に入れて売っているではないか。三枝はほとほと呆れてしまったが、タンが自分に耳打ちしてくれたことの意味が、ようやく理解できた。

デンパサールからジャカルタへは国内便で約二時間。猥雑《わいざつ》な街というのが三枝の第一印象であったが、すでにビルも完成しその中に三枝の持つ百貨店経営のノウハウを注入するだけであった。しかし三枝が何だか猥雑な街だと感じたその第一印象は、直後に起きる事態を予感していたことになる。

三枝はジャカルタの街を視察し「人口規模からいっても首都であるここに百貨店ができ

れば、買い物天国の象徴になるぞ」と確信して帰国した。

ところが開店を二か月後に控えた時期に、ジャカルタで大規模な暴動が起きた。一九九八年。ジャカルタのトリサクティ大学で行われたスハルト大統領の退陣を求めるデモが引き金となって暴動に発展。暴徒たちが商店からモノを掠奪《りゃくだつ》し、ショーウィンドーは投石によって粉々に破壊された。ショッピングモールやビルは放火されて黒焦げになり、高級車はひっくり返されて炎上した。そして女性や子供を含む多数の死傷者が出た。暴徒たちの不満は、富裕層としてインドネシア経済を牛耳《ぎゅうじ》る中華系国民（華僑）らに向けられた。「猥雑」な街が火山のように噴火したのであった。

その惨状を知った三枝は、百貨店の開業は無理と判断。一時は「勝算あり」と期待したジャカルタの百貨店計画は断念せざるを得なかったのである。それだけに、三枝のビジネスの中で特異な経験として位置づけられる。

中国・大連にショッピングセンターを

インドネシアの百貨店づくりは幻に終わったが、中国・大連市《だいれんし》からも三枝に対して「商業施設のオープンを手助けしてほしい」という要請が舞い込む。後に不正蓄財などが明るみに出て失脚する薄熙来《はくきらい》が大連市長を務めていた時代である。

「ここに市民が集まる近代的な施設をつくりたい」という当局の意向を聞いて訪れた現地には、低層のビルが建っていた。「このビルの跡地に、地下四階のショッピングセンター（ＳＣ）をつくり、地上は緑豊かな公園にしたい。三枝さんにはＳＣの経営ノウハウをぜひ教えてもらいたい」と、関係者から協力要請の中身を打ち明けられた。

公園は花壇もベンチもある憩いの広場として、そしてその地下街が四フロアからなり、ショッピングが楽しめる施設になれば、現地中国人の買い物客らで賑わうことが予想された。衣料、雑貨などの日用品のほか、食品を扱うＳＣの構想が三枝の頭に浮かんだ。

「いいでしょう。お手伝いをしましょう」と答えて、ふとビルを見上げるとすでに解体工事が始まっていたが、その光景に三枝は驚いた。

ビルの屋上で作業員十数人が手にしたツルハシを打ち下ろしているではないか。日本なら建物の解体工事をする時には重機を導入し、あっという間に跡形もなく取り壊されてしまうが、中国の地方都市ではこんな原始的な人海戦術によってビルを壊すのか、何と気の長い話だと、つくづく思った。

ＳＣづくりの要請が寄せられた時から、実は三枝も中国・大連にある思いを抱いていた。大連市には丘陵地帯である「二百三高地《にひゃくさんこうち》」があったからである。二百三高地は日露戦争で、日本とロシアが激しい攻防戦を繰り広げた地として知られ、その戦局の様子をはじめ、徴兵された民間人を通じて戦争の悲惨さなども、映画やテレビドラマで紹介されており、映画好きの三枝にとってぜひ訪れてみたい地であった。

映画のワンシーンを脳裏に思い浮かべながら、実際に登ろうとしたが、二百三高地からは軍港である旅順港《りょじゅんこう》を見下ろすことになり、その行為が国家機密に触れて拘束される可能性があるとのことで、当時、二百三高地への訪問は断念せざるを得なかった。

その後、大連ではＳＣの計画が順調に進み、三枝の協力の下で無事開業に至るのであった。

第六章

手腕

三枝が社長に就任し、阪神百貨店の食品売り場改革に着手してから二、三年が経ち、次第に「阪神の食品は一味違う」という定評が聞かれるようになった。となると、売り場に活気が出てくる。これまで阪急百貨店には絶対に勝てないと思い込んでいた〝負け犬〟根性の社員たちの間に、「やればできる」という自信が漲《みなぎ》るようになった。

売り場を改革して売上高を増加させたというバランスシート上の成果だけでなく、社員のモチベーションを高めた成果を見ても、指揮官としての三枝の価値は高い。

今では、パソコンの検索ワードに調べたい言葉を入力すれば、ずらずらっと知りたい情報が並んで出てくるが、インターネットがまだ普及していなかったその頃、三枝は「阪神百貨店と言えば食品」と即座に連想されることを願った。

つまり、主婦の頭の中をインターネットに見立てれば、「百貨店で晩のおかずの買い物」というシチュエーションを想起すれば、ランキングの一位に阪神百貨店が浮かぶという現実を夢見たのだが、果たしてその通りになる。

時代も三枝に味方した。バブル経済の崩壊後、百貨店の売りであった衣料品の売上高は次第に下降線を辿り、それに代わる武器は食品であることに全国の百貨店が気づき出す。

そして、三枝が知恵と工夫によってつくり上げた食品売り場を、全国の百貨店マンが「見せてほしい」と視察に訪れるようになった。

「質流れバザール」はなぜ成功したか

デパ地下を成功させた三枝の手腕は食品以外の売り場でも生かされ、評判を呼ぶことになった。

百貨店の特色の一つは催事である。どんな催しを開催すれば買い物客が大勢集まるかを競うため、百貨店各社は知恵を絞ってさまざまな催事を企画する。絵画展や美術展をはじめ、子供たちが喜びそうな人気アニメのキャラクターを登場させる催しなど、仕掛けに創意工夫を凝らすのだが、三枝が企画し大ヒットさせた催事がある。

阪神百貨店では昔から「質流れバザール」なる催事を毎年開催していた。

質流れを説明する前に、まず、質屋について簡潔に説明しておこう。最近は町に質屋が少なくなり「質屋って何？」と首をかしげる若者も増えているだろう。質屋とは時計や高級鞄、貴金属品などの物品を担保にとってお金を貸し付けてくれる商売で、期限までに貸した金を弁済しなければ預けた物品は質屋のものになる……というビジネスモデルである。そして弁済がされずに、質屋の所有物になった商品を阪神百貨店に持ち込み、通常よりも安い価格で一般の人に販売するのが「質流れバザール」であった。

出品される質流れ品は、アクセサリーやコート、鞄、時計などであったが、三枝が社長在任中に、質屋から「『シャネル』や『エルメス』など高級ブランド品を出品したいが如何でしょうか」という照会が寄せられた。三枝の商売勘は即座に反応した。

「これだ！　ぜひ開催しよう」

通常、百貨店で高級ブランドの質流れ品などを扱えば、例えばシャネルの正規業者から「質流れ品など販売しないでほしい」とクレームが寄せられる。いや、それ以前に販売そのものを許可しないだろう。ところが、阪神百貨店ではシャネルやエルメス、グッチなどの有名ブランドは当時出店しておらず、誰からも文句をつけられる筋合いはなかった。が、三枝が開催を決めてからは、マスコミの取材攻勢に遭った。当初、ある新聞はネガティブな報道をしたと三枝は言う。「今時、質流れ品の『エルメス』なんて一体、誰が買うのか。売れるはずがない」という論調で叩かれたと記憶している。

そこまで言うなら売ってやろうじゃないかと、三枝の負けず嫌いが頭をもたげた。三枝が勝算ありと見た質流れ品のからくりを、まず知っておこう。

例えば、一点で百万円以上もするエルメスの高級鞄「バーキン」。それを質に入れるのは、北新地のホステスらであった。北新地のクラブで馴染みの常連客にねだると、男たちは「よっしゃ、よっしゃ、任せとき」と、カネに糸目をつけずに貢《みつ》いでくれる。馴染み客数人におねだりを重ね、同じ物を二つ、三つと手にしたホステスは、一つだけを手元に置いて残りは質屋で換金するという図式である。

三枝は「何と愚かな男たちよ」と苦笑混じりに嘆いて見せるが、北新地の女神たちの完全勝利であった。

従って、持ち込まれる商品は質流れ品などと馬鹿にはできず、正規店の商品に比べて遜色のない封も切っていない新品同様のものが多かった。

八階のフロア全部を使って商品を陳列した。「まあ、きっとブランド品を目当てに多くの買い物客が足を運んでくれるだろう」くらいに考えていた三枝の予想を、現実がはるかに上回った。オープン初日の前夜三時から女性たちの列ができ始めた。百貨店の開店時刻と同時に大勢の女性客が押しかけ、入場制限をしないと収拾がつかなくなった。この結果、会場に入るのに三、四時間待ちという超人気の催事になった。

催事会場では、百万円も二百万円もするような高級ブランドの財布や鞄や宝飾品が、正価の二割、三割、四割引き……とあって、飛ぶように売れた。クレジットカードには支払限度額があるため、買い物客の女性たちは近くの銀行に駆け込み、現金を手にしてお目当ての品をゲットした。

中には、割安どころか正価よりも高い希少品も登場したが、それでも「他では買えない、どうしても欲しかった逸品だから」と、買い求めていった。

その光景に、「今時、質流れ品なんて……」と、さんざんけなして叩いたはずのメディアは手のひらを返したように、「女性たちのハートを鷲掴み。超人気のヒット催事が始まった」などと、今度は持ち上げて見せるのであった。

この結果、一週間のバザール期間を通じて、約十七億円を売り上げる大成功をおさめた。

もったいなくて捨てられないショッピングバッグ

三枝改革は阪神百貨店に関するあらゆるところに及ぶ。買った商品を入れて持ち歩くショッピングバッグは、いわば百貨店の〝顔〟である。

そして百貨店のショッピングバッグのデザインには、それぞれに特徴がある。

髙島屋はバラをあしらい、阪急百貨店は宝塚歌劇の連想から、花や星や月をイメージしたデザイン、伊勢丹は〝伊勢丹チェック〟といわれるチェック柄で、大阪の漫才師がそのデザインのスーツを着て登場し有名になったほどだ。

さて阪神百貨店のショッピングバッグはというと、今一つ冴えなかったが、三枝はそこに目をつけた。

絵本作家・永田萠《ながたもえ》の作品を目にして、これをショッピングバッグのデザインに使おうと直感で決めた。永田の描く絵本は、妖精や花がたくさん登場するファンタジーとメルヘンの世界。三枝は永田に依頼して、春夏秋冬ごとに四季折々の絵をあしらったショッピングバッグを製作し、買い物客に提供した。

普通、何の変哲もないショッピングバッグは自宅に商品を持ち帰った後に邪魔者扱いされ、ごみ袋などとして捨てられるケースが多いのだが、永田が描く夢とメルヘンのショッピングバッグは、勿体なくて捨てられないという心理が働く。

常連客の間で次第に評判を呼ぶようになり、春が終わると「夏バージョンをくださいな」などと、ショッピングバッグだけを求めてやって来る顧客も増えていった。三枝が「ショッピングバッグ革命」と呼ぶ改革は、三枝の感性の勝利であった。

熊本岩田屋を再建へ

熊本県の百貨店「熊本岩田屋《くまもといわたや》」から再建の支援要請、つまり「ＳＯＳ」が三枝のもとに届いたのは、平成十四（二〇〇二）年三月だった。ＳＯＳに至る経緯は次の通りだ。

福岡市に本社を置く岩田屋は九州ではナンバーワンの老舗百貨店であったが、経営環境が厳しくなり、伊勢丹が再建に乗り出す。伊勢丹傘下となった岩田屋の再建計画では、資産売却や店舗の閉鎖が盛り込まれた。熊本県には岩田屋系列の「熊本岩田屋」があったが、本体である岩田屋の再建計画の中で、約百億円の累積赤字を抱えて経営不振に陥っている熊本岩田屋は、閉鎖が決められたのである。

閉鎖は当初、熊本岩田屋の社員にも伝えられず、一部の関係者のみが知る秘密情報であった。そして秘密情報が公になると、会社はもとより熊本県じゅうが大騒ぎになった。「本当に閉鎖しなければならないのか」「千人の失業者が出るぞ」「熊本経済は大ピンチに陥る」「何とか存続できる方策はないのだろうか」……。

伊勢丹支援の下で決められた熊本岩田屋の閉鎖であり、今さら伊勢丹に「助けてほしい」と要請することなどできず、東京の著名な百貨店にも相談したが断られ、その結果、三枝のもとにSOSが送られてきたのであった。

もう少し詳しく述べると、建築家・安藤忠雄《あんどうただお》の双子の兄弟に都市コンサルタントの北山《きたやま》孝雄《たかお》がいる。三枝は北山と長い付き合いがあり、一緒に欧米の商業施設を見学に訪れたりした仲であった。そして、熊本岩田屋の関係者が北山に再建話を相談したところ、「もしかしたら、三枝君なら話を聞いてくれるかもしれない」という返答を得て、三枝に辿りついたのであった。

三枝は最初、縁もゆかりもない熊本の一百貨店に、何の興味も持っていなかった。電話をかけて「申し訳ないが、関心がないので再建には協力できない」と、一言伝えればそれで済んだはずだ。だが、三枝は地元の有力百貨店の浮沈をかけた救助要請に対し、あっさりと電話で断ってしまうには忍びないものを感じた。

「せっかく私を頼って来てくれたのだから、とりあえず現地に赴こう」と決め、熊本行きの飛行機に搭乗した。それでも、機中では「丁重にお断りしよう」と決意していた。

空港から熊本県庁の車で案内されたのはホテルである。ドアを開けると、日本で二人目の女性知事になった熊本県知事、潮谷義子《しおたによしこ》をはじめ、熊本市長や熊本経済界の幹部らがずらりと並んで三枝を出迎えた。そして、潮谷は開口一番、「三枝さん、お願いですから熊本県を助けてください」と声を絞って深々と頭を下げた。それに倣って居並ぶ誰もが、三枝に向かって最敬礼をするのである。

断るつもりであることは先方にも伝えてあった。熊本岩田屋の再建を断りに来たのに、その三枝に向かって「助けてください」といわれること自体、理解ができなかった。

知事の潮谷によると、百貨店を閉鎖すれば数百人の失業者が出ることに加え、百貨店に店舗を貸している地元のバス会社もその賃料収入で食いつないでおり、このバス会社も経営が破綻する。そうなれば、百貨店とバス会社合わせて熊本県内に約五千人の失業者が出ることになり、熊本経済が壊滅的な打撃を受けるという。

三枝にはそんな話は初耳であった。それでも、再建要請を断りに来た自分が知事に泣きつかれたからといって、やすやすと再建を引き受けるわけにはいかない。そう考えて会場を後にした。

だが、それでもとりあえず熊本岩田屋の視察に訪れた。

熊本岩田屋に着くと、屋上から順に各フロアを回りながら階下に降りた。閉鎖の噂は町じゅうに広まっていたのか、顧客の姿をほとんど見かけることがなかった。ただ、各売り場に立つ社員たちみんなが「もしかしたら、この人が私たちの救世主になってくれるかもしれない」とばかりに、すがる目で三枝を熱く凝視した。その視線を肌で感じた三枝は、次第に心が動いた。合理主義者であるはずの三枝だが、半面、こんなところに人情家の顔が覗く。

自分をそんなに頼ってくれる人たちがいるなら、熊本岩田屋の再生に賭けてみたいという気になった。

再建話を断るつもりだった三枝の心中は帰阪する飛行機の中で百八十度転換していた。

これと似た話がある。沖縄県で毎年春に開催される女子プロゴルフ大会に「ダイキンオーキッド」がある。エアコンメーカー最大手のダイキン工業が主催し、昭和六十三（一九八八）年に第一回大会が開催されたが、ダイキンは当初、沖縄県で開催するこの大会のスポンサーを断る予定であった。ところが、現地を視察した井上礼之《いのうえのりゆき》（後に会長兼ＣＥＯ）と川村群太郎《かわむらぐんたろう》（後に副社長）は沖縄県民の熱い期待に心打たれ、また沖縄振興の必要性を実感して思い直し、伊丹《いたみ》空港に戻る機中で「ぜひ、大会を主催して地元を盛り上げよう」と決意したのだった。

毎年、ダイキンオーキッドの前夜祭には東京や大阪から著名な経済人らが招かれ、またトーナメントでは宮里藍《みやざとあい》らの女子プロを輩出するなどして、本土と沖縄を結ぶ架け橋としての役割を果たしている。

こうして、三枝は熊本岩田屋の再建に百貨店人生を賭けようと決意したのだが、そんな重大事項はいくらワンマン社長であっても自分の一存で決められないことを知っていた。

熊本から自宅に帰り、熊本岩田屋の再建案を取締役会に諮《はか》らなければならないと思案していると、自宅のインターホンが鳴った。玄関に出ると、熊本の地方新聞、テレビ局の記者たちであった。熊本岩田屋を三枝が救済してくれるかもしれないという情報を聞きつけて、大阪まで押しかけて来たのであった。

「阪神百貨店の三枝社長でいらっしゃいますね。熊本岩田屋の再建を引き受けられるとか？」」と記者が質問した。

三枝は「いや、それは分からないよ」と言明した。そしてこう続けた。「君たちマスコミがもしこの時点で、阪神百貨店が再建に乗り出すと報じれば、その途端にこの話はなかったことになる。阪神百貨店の取締役会で決議されるまでは絶対に報じてくれるな」と。

三枝宅に押しかけた熊本のマスコミ各社は「分かりました」と、素直に応じて引き下がった。そして約束を守り、実際に一行も報じなかったのである。

取締役会の当日。三枝はもしも熊本岩田屋の再建案が否決されたら、その場で社長を辞任しようと考え、内ポケットに辞表をしのばせて会議に臨んだ。

結果は三枝の提案に対して誰一人反対する者はおらず、再建案は全会一致で承認された。三枝が提案する態度には余程迫力があり、反対を許さない鬼気迫る空気が漲っていたのであろう。

取締役会の決議を受けて、三枝宅に押しかけた地方紙や地元テレビ局は「阪神百貨店が熊本岩田屋再建へ」と、トップニュースで大々的に報じた。

素人だからできること

三枝は新生「熊本岩田屋」の社長に、再建策に奔走した地元の経営者、丸本文紀《まるもとふみのり》を起用した。丸本は「私は百貨店の経営などに携わったこともなく、全くの素人で何も分かりませんから無理です」と辞退したが、三枝は「素人がいい。なまじ百貨店の経営を知る人物だと、『お天気が悪かったから売り上げが落ちた』などと、言い訳ばかりを述べ立てるから」という論法でトップ人事を決めた。

阪神百貨店が資本金の七・五パーセントを出資し三枝は非常勤取締役に名を連ね、法人名を「県民百貨店」として再スタートを切ることになった。

新たな資本金は三億円程度を想定し、丸本らは九州電力をはじめとする有力企業に出向いて出資を仰いだ。阪神百貨店がバックにつくことで信用を得た県民百貨店に対しては、「出資しましょう」という企業が次々に現れ、結果的に約四億円が集まった。

新たな百貨店の名称は「くまもと阪神」に決まった。

平成十五年二月二十三日、開業の日には長蛇の列ができた。その様子に三枝は熊本県民や市民の期待と声援がいかに大きかったかを身をもって知った。

また、くまもと阪神の開業を祝う経済界のパーティーの席で、三枝は老紳士と隣り合わせになった。長野《ながの》と名乗るその経営者は熊本経済界のボスであり周囲から一目置かれていたが、気難しい性格もあって誰もが気安く声をかけることをためらっていた。

パーティーが終わっても長野は何やら考え込んでいるようで、一向に席を立とうとしなかった。そしてやおら三枝に近づいた。三枝はそんな老経営者にここで何を言われるのか、もしかして「熊本のことなど何も知らずに、乗り込んできたこの大阪者めが……」と怒鳴りつけられるのではないかと、身構えた。

ところが長野は正面から向き合い「三枝さん、僕は久々に男のロマンを感じましたよ」と三枝の手を熱く握りしめて感激してくれたのであった。三枝にとっては何の得にもならない再建に手を貸してくれたことに対する、感謝の言葉であった。

くまもと阪神はその後、開業人気もあって順調に売り上げが伸び、初年度から黒字となった。開業した平成十五（二〇〇三）年の秋には、星野仙一《ほしのせんいち》監督が率いるプロ野球球団「阪神タイガース」がセ・リーグ優勝を果たしたこともあり、九州に住む熱心なタイガースファンがくまもと阪神に駆けつけて、優勝グッズなどを買いあげた。

開業後、三枝はくまもと阪神を訪れようと宿泊したホテルからタクシーに乗った。するとタクシーの運転手が、テレビや新聞で報じられた三枝の顔を覚えていたのであろう。「あのぅ、失礼ですが三枝さんでしょうか」と声をかけてきた。三枝がそうだと応じると、運転手は「熊本岩田屋を救っていただいて本当にありがとうございました」と、丁寧な礼を述べたのだった。

見ず知らずのタクシー運転手にまで感謝されたことで、三枝は百貨店の再建に乗り出したことが、間違いではなかったことを改めて実感するのであった。

熱狂のタイガース優勝セール

阪神百貨店といえばタイガースと切っても切り離せない関係にある。三枝が若い頃、当時の村山実監督らをタダで使って商品の宣伝に活用した話は紹介したが、実は三枝が入社した翌年の昭和三十九（一九六四）年にもタイガースはリーグ優勝している。その時も阪神百貨店は優勝セールを開催したが、入社二年目の三枝はその当時のことをあまり覚えてはいない。

また、昭和三十九年は東京オリンピックが開催されたこともあり、タイガース優勝は五輪の熱気にかき消されてしまったというのが実情であった。

とは言っても、阪神タイガースはセパ両リーグ十二球団の中で、読売ジャイアンツに次いで古い歴史を持ち、今も「巨人対阪神」戦は伝統の一戦として注目される。

昭和三十九年の次の優勝は、同六十（一九八五）年。ファンにとっては二十一年もの、しびれを切らすほどの長きにわたって待たされることとなった優勝だった。中堅社員に育っていた三枝も、この優勝のことはよく覚えている。

昭和六十年といえば八月に羽田《はねだ》発伊丹空港行きの日本航空一二三便が墜落し、搭乗していたタイガースの球団社長、中《なか》埜肇《のはじむ》が犠牲となったことで、球団も選手たちも大きなショックを受けていた。しかし、チームは一丸となって奮闘し、優勝へのマジックナンバーを着実に減らしていった。

優勝が決まるかどうかの試合は十月十六日、ヤクルトスワローズ戦のナイターであり、阪神百貨店の社員は自宅待機を命じられていた。結果は引き分けたことにより、タイガースの優勝が決定。ちょうど夜の九時頃であったが、三枝たち社員はそれから出社した。するど、大阪・梅田の阪神百貨店の周りは十重二十重にファンらが居並び、三枝は顧客らを押しのけてようやく入店することができた。

その頃、梅田界隈ではタイガースの優勝に気を良くしたのか、暴走族が二輪車に乗ってパラリラ、パラリラ……と爆音を響かせ、パトカーとの捕り物劇が繰り広げられていたことが、三枝の記憶の片隅に残っている。

百貨店内では、売り場の責任者の指示で、通常の商品を引っ込めて全てを優勝セール商品に替える作業に取り掛かった。社員総出の作業は朝までかかり、売り場の全てが「阪神タイガース優勝セール」の商品に埋め尽くされて、開店前に出勤してきた上層部は「こんなに汚い、品のない売り場にしてしまって……」と怒ったが、すでに後の祭り。今さら元に戻すこともできずに、そのままお客さんを迎え入れた。

開店と同時に大勢のタイガースファンらが一気になだれ込み、押すな押すなの大盛況となった。入店できても国会の牛歩《ぎゅうほ》戦術のようにしか前に進めないという混雑が一週間続いた。

売り上げ以上に、ともかく「お客さんがケガをしないように」「事故だけは絶対に起こすな」という号令の下に、三枝は事実上初の優勝セールの賑わいを経験したのである。

それから十八年。平成十五年九月十五日に星野仙一監督のタイガースがリーグ優勝を決めた時、三枝は社長になっていた。

昭和六十年時のナイターとは異なり、優勝をかけた一戦はデイゲーム（昼間の試合）であった。三枝は社長室でテレビ画面を食い入るように見つめていたが、優勝が決まると十八年前の大混雑の模様が脳裏に甦《よみがえ》った。

「事故やケガのないように万全の態勢で臨め」と、社内に通達を出した。

「分かりました、社長」と、十八年前の記憶を共有する社員は三枝の通達に忠実に従い、「タイガース優勝セール対策本部」を発足させて、翌日からのセール実施に備えた。まずは、翌日からの入り口を地階のみに制限し、一階の出入り口は全て閉鎖する措置を取った。

もしかすると徹夜で並ぶお客さんがそろそろ列をつくる頃合いかもしれないと考えて、三枝は午後六時に百貨店の外に出て周辺を歩いてみた。ところが、徹夜で並ぼうという気配を見せる客は誰もいなかった。

「まだ早すぎるのか」と考え直して百貨店に戻り、今度は午後七時にもう一度店外に出て歩道橋から阪神百貨店を眺めてみたが、優勝セール目当てのファンなど誰もいなかった。

「えーっ、一体どうなっているんだ。十八年前と全然違うじゃないか」と、拍子抜けしてしまった。

セールに備え、その日、三枝は阪神百貨店に隣接するホテルに宿を取った。セール初日となる翌朝を迎え、三枝は午前七時に百貨店入りをした。臨時入り口となる地階にはテレビ局や新聞社のカメラマンが待機していたが、開店一時間前の午前九時になってもわずかに四、五人しか並んでいない様子を見て、いよいよ拍子抜けした三枝は、「入場を制限する必要はない。こんな状況で入場を制限していたら恥ずかしいから、入り口全てを開けよ」と指示を出した。

すると、セール担当の役員が「社長、せめて十時まで待ってみましょう」と意見を述べた。「最早、優勝セールは期待薄」と半ば諦めた三枝は「分かった。好きなようにしてくれ」と言い置いて、社長室に籠った。

すると、三十分後の午前九時半になり、社長室の電話がけたたましく鳴った。

受話器から聞こえてきたのは「社長、大変です。梅新の交差点まで約二百メートルにわたってお客さんが列をつくっています」という報告だった。ほんの三十分の間に「そういえば優勝セール、確かきょうからだったな」とセール日程を計算に入れていたタイガースファンらがどっと押しかけ、みるみるうちに長蛇の列が出来上がってしまったのである。

三枝には意外であった。この時ばかりは担当役員の意見が正しかったのだが、日々お客さんに触れあう現場の感覚が、三枝の判断を上回ったのである。そういえば、三枝自身も売り場の責任者であった時代に、上司や社長に現場の判断の正当性を訴えて対立したことがあった。三枝はそのことを思い出して苦笑した。

売り場に到達するのに三時間

午前十時の開店と同時に地階の入り口に顧客が殺到した。阪神百貨店のタイガースグッズの売り場は八階に開設されていた。その売り場では、タオルやキーホルダー、ハンカチ、Tシャツ、野球帽など、何でもかんでもタイガースのロゴマークが入った商品が売られていたが、その売り場に到達するのに三時間もかかり、そんな状態が一週間続くという賑わいぶりであった。

中には、阪神百貨店でグッズを買うために、はるばる北海道や九州、沖縄から飛行機でやって来たというタイガースファンもいた。

三枝は不思議に思って並んでいる客に尋ねてみた。「タイガースグッズなら、何もわざわざ飛行機に乗って大阪の阪神百貨店まで買いに来なくても、北海道でも九州でも売っているところがあるでしょう」

客は「同じタイガースグッズを買うなら、どうしても優勝セールを実施している阪神百貨店で買いたくてやって来ました」と答えた。

押すな押すなの優勝セールは、一週間で延べ二百八十万人が来場し、タイガースグッズだけの売上高は八億円を記録して大成功であった。

三枝は優勝セールの威力を思い知った。優勝セールはいわば「お祭り消費」であった。タイガースファンは、優勝という喜びによって気分が高揚。それが強い購買動機に結びついており、値段が高かろうが安かろうが、そんなことは関係がなかった。

タイガースファンの熱心な購買意欲を三枝は実感した。実は、タイガース関連グッズについては、星野が監督に就任する前に、オリジナル商品をつくって仕掛けたことがあった。その商品は純金製の「ノムさん人形」。星野の前に監督を務めていた野村克也《のむらかつや》を象《かたど》った人形だが、一体百万円で売り出した。「それほど人気の出る商品ではないだろう」と覚悟していたが、それでも三個が売れた。締めて三百万円である。

野村自身も自分の分身のような人形の売れ行きを気にして、三枝に会った時「あれ、売れたか?」と聞いてきたという。

ノムさん人形の購入者から寄せられた手紙に三枝は目を通した。ある一通には「亡き父が生前に大のタイガースファンであったため、せめてもの供養にとノムさん人形を買って仏前に供えた」と書かれていた。三枝はファンの熱い思いを知った。

タイガース関連では、三枝が考案したもう一つのヒット商品がある。「タイガース優勝おめでとう」の商品券である。全国百貨店の共通商品券は一枚千円から購入できるが、換金性も高く金券ショップに行くと額面の九十数パーセントの割引価格で手に入れることができる。

阪神百貨店が「セ・リーグ優勝記念」とデザインされた記念商品券を製作して販売したところ二億五千万円の売り上げになった。しかし、商品券とはいってもせっかく手に入れた記念グッズなのだから、大切に仕舞っておこうとファンの多くが思ったに違いない。そして購入された記念商品券は今も箪笥《たんす》の奥に大切に仕舞い込まれて、使われることはない。

つまり阪神百貨店にとっては商品券の印刷代だけが製造原価であり、売れれば売れるだけ丸々儲けにつながったといっても過言ではない。三枝のアイデアの勝利であった。

タイガース優勝の経済効果について、三枝は四千億円と大きく試算する。タイガースファンを二千万人と見積もり、優勝セールの商品だけでなく一人が飲み食いする費用も含めて二万円を消費したとすると、四千億円になる計算である。ただ、それには大いに身びいきも含まれていそうだ。

星野仙一との確執

タイガースの優勝で大阪じゅうが沸いていた頃、三枝はある記者から取材を受けた。

「優勝セールで阪神百貨店の業績も絶好調ですね」

「おかげさまで優勝の特需効果を実感しています」

「タイガースさまさまですね。阪神百貨店は儲かって仕方がないじゃないですか」

「いや、優勝セールができることはありがたいですが、当社はタイガースだけではありませんよ。普段は通常の商品を販売しているんです。優勝セールは儲かりますが、それは言ってみれば〝あぶく銭〟のようなもんです」

こんな、Q&Aが繰り返された結果、経済誌に「〝あぶく銭〟は当てにしていない――阪神百貨店・三枝社長」という記事が載った。

三枝にとってはそういう意図で発言したものではなく、そんな見出しは心外だと思っていた。

ところが、タイガース監督の星野仙一は、チームが北海道に遠征した帰途、機中でこの経済誌を目にした。星野は中日ドラゴンズの投手として鳴らし、現役引退後は野球解説者や中日監督などを務めたが、平成十三（二〇〇一）年に低迷が続くタイガースの監督に就任。その熱血漢ぶりはつとに有名であった。

三枝の記事を目にした星野は「何だ、この社長は。タイガースがこれほど頑張って優勝したのに、その売り上げがあぶく銭だと！　この社長は一体何を考えているのか」と激怒した。

スポーツ紙がこのネタを見逃すはずがなかった。

「星野、激怒　阪神百貨店社長の〝あぶく銭〟発言にキレル」などと書かれ、スポーツ各紙は「星野VS.三枝」を面白おかしく煽った。

インターネットが普及していなかった頃の話だが、もしも現在のようなネット社会ならきっと「炎上」していたに違いない。

ネットがないかわりに、全国のタイガースファンから三枝のもとに投書が続々と寄せられた。秘書が真っ青になって「社長、こんなに投書が来ています」と、封書の束を社長室に持ち込んだ。

全部に目を通す気はしなかったが、二、三の手紙を開封すると「阪神百貨店を名乗りながら、タイガースを〝あぶく銭〟呼ばわりか」「阪神百貨店ではもう何も買わないぞ」

……などと、便箋から怒りが迸《ほとばし》り出るようだった。

秘書には「くだらない投書など放っておけ」と冷静を装ったが、三枝も内心では困ったことになったと思っていた。

三枝は星野に「決してタイガースの優勝効果を軽く見ているわけではない。阪神百貨店にとっても大切な経営資源である」と真意を告げたかったが、星野に直接会ったことがなく、困り果てていた。すると「仲介してやるから現金を寄こせ」などと怪しげな人物から声がかかったりした。

電話がかかってきたのは、そんな時だった。相手は産経新聞社大阪代表（専務、後に社長）の住田良能《すみだながよし》だった。三枝と住田は、三枝のことを「離れザル」と言い当てた服飾デザイナー、森南海子を介して旧知の仲であった。

住田は「三枝さん、スポーツ紙にいろいろと書かれていますね」と切り出した。

三枝は「ほとほと困っているんですよ。特にお宅のサンケイスポーツさんの書きぶりがきつい。でも、タイガースの優勝を決して軽視しているんではないんです」と、辛い立場を訴えた。

住田は「分かりました。産経本紙の記者にインタビューをさせましょう。記者に真実のところを話してください」と助け船を出した。

その後、三枝を訪ねてきた産経新聞の記者に、三枝は住田に話した真意を語って聞かせた。

すると、夕刊に三枝のコメントが正確に掲載され、それ以降、「星野VS.三枝」騒動はピタッと収まったのである。

その後、三枝は星野と親交のある友人で、プロ野球中継のレポーターなどを務めた唐《から》渡《わたり》吉則《よしのり》に「星野監督に一度会わせてもらえないか」と依頼した。三枝は京都の料亭に唐渡と星野を招き、そこで手打ち式となったのである。それ以来、三枝は星野とすっかり打ち解けて話し合える仲になり、後に三枝がラジオのパーソナリティを務める番組にも星野をゲストとして招くのである。

〝燃える男〟星野仙一は、野球殿堂入りを果たした平成二十九年の十一月と十二月に「野球殿堂入りを祝う会」に出席したが、その後体調が悪化し、翌三十年一月四日にすい臓がんのため急死した。

三枝は在りし日の星野のことを「甲子園球場の掃除のおばさんにも気さくに『ご苦労さん』と声をかける心の優しい人だった」と偲ぶ。

エピローグ

通商産業省（現・経済産業省）の元官僚、村上世彰《よしあき》。大阪出身の村上は貿易商の次男に生まれ、小学生の頃は小遣い代わりに百万円を元手に株に投資して利益を得ていたという。その村上は四十歳を前にした平成十一（一九九九）年に通産省を退官してファンドを設立。その後は上場企業の株を買い集め、消極的な株主が多い中で「モノ言う株主」として注目され始めた。

三枝が村上に会ったのはその頃のことだった。アパレル大手の社長に「会食をしませんか」と誘われ、神戸市内の料亭に出向くと、村上が待っていたのだ。

村上は初対面の三枝にこう切り出した。

「三枝さん、あなたは阪神百貨店を無借金経営にして、あれだけの利益も上げておられる。しかも食品のナンバーワン百貨店にされたご功績もおありだ。それだけの実績を上げておられるのだから、三枝さん個人として、なぜ阪神百貨店をお買いにならないのですか」

三枝は村上の発したその質問に腰を抜かすほどに驚いた。三枝自身、アイデアマンで常に柔軟な発想力を持っているつもりだったが、村上の提案は常識を超える異次元の領域にあった。

阪神百貨店の経営に全力を注いできたし、単なる「サラリーマン社長」ではないという自負はあったが、まさか自分が阪神百貨店を買い取ってオーナーになるなど、夢にも考えたことがなかった。外交辞令であり、ジョークの一種だと三枝は思った。

「村上さん、とてもじゃないが、サラリーマン社長の私にはそんなお金はありませんよ」と、笑って返答した。

普通はそこで「そりゃそうですよね。阪神百貨店を買うなんて、そんな大それたことはできませんよね」というオチになり、この話題にはピリオドが打たれるものである。

ところが村上は「お金はどうにでもなります。何なら私が用立てますが、如何でしょうか」と食い下がった。

三枝は村上のその言葉に何だか異質な空気を感じ取った。これ以上、村上のペースに乗って阪神百貨店の買い取り話に深入りするのは危険だと察知した。

そして、話題を変えて当たり障りのない世間話に興じながら箸を進めた。

しかし、村上は突然こう言った。

「実はね、三枝さん。私は松坂屋の株を買おうと思っているんです。三枝さんも百貨店の経営者だからお分かりだと思うんですが、経営のやりようによってはもっと収益を上げられると思うんですよ。もっと儲かる企業体質に変えられると私は確信しています」

三枝は村上の真実味を帯びた発言に、ある種の恐怖を覚えた。これまでに出会った中で、村上のようなタイプの人間は見たことがなかった。

確かに村上の肩書きはファンドマネジャーではあったが、企業価値が上がったところで高値で売り飛ばし、利益を得るだけの単なる相場師ではない気がした。

その数日後に村上は三枝を訪ねてやって来た。「阪神タイガースって、上場したら儲かると思うんですけれどねぇ。三枝さんはどう思われます?」と、村上は三枝がまるで自分のパートナーであるかのような口ぶりで自らの考えを述べた。そして、最後に「実は阪神電鉄の株を少し買わせてもらいました」と三枝の耳元でこっそり打ち明けた。村上の魂胆《こんたん》を読めなかった三枝が「しょうもない細工はしないでほしい」と釘を刺すと、村上は笑って「いえ、しませんよ」と返答した。

村上ファンド問題のキーマンに

ところがその三日後に、村上が阪神電鉄株を二八パーセント取得したことが明らかになる。それからというもの、村上はマスコミの寵児になり始める。阪神電鉄の株をそんなに取得して一体どうしようというのかと、誰もが村上の真意を知りたがった。

三枝は当初の決意通り就任十年の平成十七年に社長を退き、この頃は阪神百貨店の会長であるとともに、阪神電鉄の専務も兼ねていた。しばらくすると、三枝の自宅の周辺に夜な夜な新聞や雑誌の記者たちが出没するようになった。

自宅に押し掛けて特ダネを取ろうという、〝夜討ち〟取材である。記者からは「村上氏から何か聞かれていませんか」と質問されたが、「知らない。何も聞いていない」と答えるしかなかった。

ある朝、三枝が日課であった朝の散歩に出かけ、家の周辺を一時間ほどぐるりと回って帰ってくると、自宅前で男性に「三枝会長ですか」と呼び止められた。まだ午前六時である。振り向くと「私は週刊××の記者です」と名乗った。

「どうしたんだい。こんなに朝早くから」と不機嫌に三枝が尋ねると「いや、僕は朝四時から来ているんです。三枝さんが散歩から帰られるまで、ずっと車でお待ちしていたんですよ」と釈明した。

「村上ファンドの話をお聞きしたくて」と、その記者は来訪の目的を告げた。三枝は「私は基本的に阪神百貨店の会長であり、阪神電鉄の専務を兼ねていても電鉄本体の事情にはそんなに詳しいわけではない。それなのにどうして記者諸君は私のところにやって来るのかね？」と逆に質問した。

記者は「それは三枝さんがキーマンになっているからですよ」とあっさり答えた。

「キーマン」と言われて、三枝にはその意味がますます不可解になった。

しかし、自宅の近所では人目について立ち話もできないと判断した三枝は、記者に「会社に来てくれたら会って話そう」と告げた。すると記者は、「私たち週刊誌の記者が名乗ると、敬遠されてなかなか当事者にお会いできないのが常です。だから、取材した情報をつなぎ合わせて後は憶測で書くしかないんですよ。三枝さんのようにきちんとお会いしてくださる経営者は私にとって初めてです。分かりました。後ほど、阪神百貨店の本社へ伺いますので、どうぞよろしくお願いいたします」と声を弾ませてその場を去った。

三枝が出社してしばらくすると、記者が訪ねてきた。

約束通り三枝は記者を部屋に通した。記者の話した内容は三枝を驚かせた。

それは、村上世彰が全国のあちらこちらで講演をする中で三枝のことに触れ、「私は三枝さんになら五百億円まで融資しても構わないと思っている」と、公言しているということであった。このため、メディア各社は村上問題のキーマンは三枝であるに違いないと判断したのだった。いつの間にか、自分がキーマンに仕立てられていることに驚くとともに、怒りを覚えた。

三枝は記者にこれまでの経緯を話し、自分は村上とは何の特別な関係もないと念を押した上で、記事を正確に書いてほしいと注文を付けた。

そしてその翌日に、三枝は村上に電話をして「私を貶めたいんならはっきり言ってほしい」と、怒りを抑えて申し入れた。

「決してそんなつもりはありません」

「あなたは阪神電鉄株をすでに三三パーセント取得している。それならすでにオーナーと同じ立場だ。私のことが気に入らずに辞めさせたいのなら、いつでも言ってほしい」

「そんなつもりで三枝さんのことに触れたのではなく、本当に立派な経営者だと思うので融資のことを口にしたまでです。もし、ご迷惑をおかけしたなら謝ります。もう二度と三枝さんのことは話しません」

そんな会話が交わされ、その後、村上から三枝宛てに謝罪の手紙も届いたという。

阪神電鉄の取締役会で、三枝は村上の所有する株を買い戻すことを提案したが、役員会は三枝の思い通りに決議しなかった。もしかすると三枝が村上とつるんでいるのではないかという懐疑の目を向けられた。取締役会では、痛くもない腹を探られた三枝が、「オレを疑っているのか」と色を作《な》すような一幕もあった。「下司《げす》の勘繰《かんぐ》り」とはこのような状況のことを指すのだろうと、三枝は情けない思いをした。

辞任

その後、「村上ファンド」は阪神電鉄株の売却先を探した。近畿日本鉄道、京阪《けいはん》電気鉄道……などが候補に挙がった。いずれも関西の主要な私鉄であった。

結果的に阪神電鉄株の購入を決断したのは、三枝があれほどライバル視した阪急百貨店のグループ中核会社、阪急電鉄であった。

阪急は阪神と同じように、大阪から神戸までの路線を所有していた。競合路線を持つ阪急に、阪神を買うメリットがどこにあるのだろうかと思った人は少なくなかったはずだ。阪急よりも大阪〜奈良、伊勢志摩、名古屋を結ぶ近鉄や、大阪〜京都を走る京阪の方が、阪神を獲得する意味合いは大きかったに違いない。しかし、売却価格をはじめとする条件面で折り合ったのが、結果的に阪急であった。

三枝は阪急・阪神の統合が決まれば、すぐに辞任する覚悟を決めた。

これまでの百貨店マンとしての人生では、阪急百貨店を敵視することでさまざまなアイデアが浮かび、実績を残してきた。それだけに「その〝敵方〟からビタ一文の給料も受け取れるものか」という強い意志が働いた。

三枝は阪神百貨店の会長になって二年目、平成十八（二〇〇六）年六月に開催された株主総会を経て退任。百貨店マンとして生きた仕事人生に終止符を打ったのである。

三枝は阪神電鉄株を買い占めた村上の手法について、「決して悪いことをしたわけではない」と、今は冷静に村上問題を振り返る。

「恐らく、村上氏は阪神をはじめとする私鉄各社の経営は甘いと感じていたのだろう。細部にわたって精査すればもっと儲かるはずであり、究極には関西の私鉄各社が大同団結していけばいいと考えていたのではないだろうか。金儲けの嗅覚にかけて、村上氏はずば抜けていた。彼は『投資した対象が値上がりすれば嬉しい』と言ったが、それは儲かったからというのではなく、自分の判断が間違いではなかったことの証明になるからだという論法であった。頭のいい男だと思った」

商い勘所

阪神百貨店を退任した三枝は、残りの人生は遊んで暮らそうと思っていた。

しかし、線路は続くのである、どこまでも……。

さまざまな苦難を乗り越え、ワンマン路線をひた走りに走って来た三枝のような逸材を、世間は放っておかなかった。

「三枝さん、退任されてお暇がおありでしたら事務所をつくりませんか」と、知人から声がかかった。知人とはM&A（合併・買収）の仲介会社、レコフグループ（東京）の代表であった吉田允昭《よしだまさあき》である。

「事務所をつくって一体何をするんですか？　私には弁護士や会計士みたいに、特段の資格もないし、何もすることがないでしょう」

「いや、三枝さんのようにドラマティックな会社人生を生きてこられた方には、きっと、経営について教えを乞いたいという人がたくさんいるはずですよ」

「仮に事務所ができたとすれば、私は具体的にどんな仕事をすればいいんですか」

「何もしなくていいんですよ。朝、事務所に来られて新聞を読んでいてくだされば、それでいいです」

そんな問答の末、吉田は唐突に「私の大阪の事務所を明け渡しますから、そこを自由に使ってくださいよ」と、切り出した。三枝にとって願ってもないありがたい提案であり、吉田の親切心に甘えることにした。

こうして三枝が阪神百貨店を退任して一か月後の七月、オフィス街である淀屋橋《よどやばし》のビルの一角に、「サエグサ流通研究所」が誕生する。

「せっかく事務所がオープンするのだから、お披露目をしましょう」と、誰かが言い出した。オープニングのパーティーは大阪・梅田にある阪神系列の高級ホテル「ザ・リッツ・

カールトン大阪」で開かれた。大手企業のトップをはじめ、知人や友人約三百人が祝賀に駆けつけた。三枝の人脈の広さを窺い知ることができる。

パーティーの司会は、阪神タイガースの監督だった星野仙一と三枝の確執を取り持ち、京都の料亭で手打ち式を仕切った唐渡吉則がマイクを持って務めた。唐渡は広告代理店勤務を経て自ら広告会社を設立。その一方で、毎日放送ラジオで阪神タイガース応援番組のパーソナリティを務めるなど、多方面で活躍していた。

その唐渡から「三枝さん、ラジオの番組を持ちはったらどうですか」という提案を受けた。

「そんな番組つくっても、誰が私の話なんかに興味を持つのか。誰も聴かないよ」と、一蹴すると、パーティーに居合わせた毎日放送会長の山本雅弘《やまもとまさひろ》が「いや、三枝さんさえよろしければ、うちでやりましょうか」と身を乗り出した。思いがけない展開に三枝は目を丸くした。

毎日放送との交渉の結果、事務所開きをした年の十二月から、三枝がパーソナリティを務めるラジオ番組「三枝輝行の商い勘所」がスタートすることになった。提案した唐渡も責任上、三枝の番組に出演して進行を助ける役割を担う。

番組には毎回経済人や学者をはじめ各界で活躍する第一人者をゲストに招き、三枝が聞き手に回るという構成で三十分のトークが公共の電波に乗る。三枝自身、「どうせ一年間で打ち切りになるだろう」と思っていたが、十年を超える長寿番組となっている。

例えばゲストが浪曲師・春野恵子《はるのけいこ》なら浪曲の歴史や現状について予習をして自らシナリオを作り、収録はサエグサ流通研究所の事務所で行う。ラジオの番組だけに、普段はお目にかかることのない著名人も喜んで出演してくれる。出演者に合わせて未知の分野について勉強することも多く、三枝の脳細胞には随分と刺激になる。そして、何よりも励みになるのは、リスナーから寄せられる手紙である。「ラジオを聴きました。登場していた○○さんのような立派な経営者になれるように、勉強をしっかりと頑張ります」といったような中学生からの便りを目にすると、三枝は胸が熱くなる。

第二の人生を創るもの

事務所がオープンしたある日、積水ハウス社長（当時）の和田勇《わだいさみ》から電話がかかってきた。

当初、三枝は「事務所なんか開いても百貨店のかつての取引先は誰も私を訪ねてこないだろうし、一体、私に会いに来る人なんているのだろうか」と心配をしていた。実際、百貨店勤務の時代に仕事の付き合いのあった人々は、誰も彼も三枝から去っていった。利害関係がなくなると「ハイ、さよなら」とばかりに縁も消滅した。

仕事上の付き合いがなかった積水ハウスの和田とは、さほど面識がなかった。

「お会いしてお願いしたいことがあるのですが」という口上に、三枝はてっきり積水ハウスの家を売ってくれという依頼だなと感じた。三枝の豊富な人脈に目をつけた和田が、三枝なら友人知己に高額な積水ハウスの住宅を売ってくれると思い、わざわざ会いに来るのであろうと目星をつけた。

約束の日時に和田は事務所にやって来た。

「三枝さん、お願いというのは他でもありません。当社の監査役に就任していただきたいのです」と切り出した。まさか、阪神百貨店を退任した自分に積水ハウスのような大企業の監査役への就任要請があるとは思ってもみなかった。三枝は「和田さん、本気で仰っているんですか」と真意を確かめた。すると和田は、三枝が百貨店経営者として在任中、卓越した手腕を発揮したことなどを挙げて、その知見《ちけん》を積水ハウスのためにぜひ生かしてほしいと、監査役に要請する理由を明かした。こうして、三枝は積水ハウスの監査役に就任することになった。

その他にも、「社外取締役になってほしい」といった要請が数社から寄せられるなど、まさに引っ張りだこ状態。改めて、三枝は利害関係のない友人知人をいかに多く持つかが、人生最大の財産になると痛感した。「退任したら遊んで暮らそう」という目論見は、すっかり当てが外れてしまうのであった。

その意味で村上ファンドの騒動は、三枝にとって人生の転機になった。もしも村上騒動が起きていなければ、阪神百貨店の会長を勇退して孫たちに囲まれながら自宅で穏やかに暮らしていたはずである。

「振り返れば、村上騒動が私の第二の人生を創ってくれた」と、波乱に満ちた会社人生を思い浮かべながら、三枝はつくづく感慨に耽《ふけ》るのである。

思い込みをなくせば、どんなことでもできる

相手が誰であれ臆《おく》することなく自らの考えを貫き、山あり谷ありの波乱に富む会社人生を歩んだ三枝だが、その人生訓から「他人におもねることや、上司にゴマをすってその場を取り繕うような姑息《こそく》な生き方は決してしてはいけない」と訴える。空気を読めない人のことを「ＫＹ」と称して一時期は流行語になった。現代社会において、ある一定の空気を読み周囲と協調することは必要だが、そこから先は三枝のように自分の意見を持って行動することが、社会人としての評価につながる。

とはいえ三枝の場合、自らの評価を高めようと考えて行動したのでは決してない。自身

の価値尺度を持ち、それに照らして、良いものは良い、悪いものは悪いと考えて会社人生を送ってきた結果、企業トップになれたのである。

もしかすると、三枝のようなタイプは〝はみ出し者〟や〝頑固者〟の烙印《らくいん》を押されて、生涯、陽の当たらない職場で冷遇されたかもしれない。その可能性もゼロではなかったはずである。しかし、三枝の周辺には阪神百貨店の社長ポストを禅譲《ぜんじょう》したKをはじめ、三枝の本領を見抜く上司たちがいた。

そんな上司たちが「こいつは何かやり遂げそうだ」と型破りな三枝を取り立てたために、阪神百貨店に新たな歴史の一ページが生まれたといえよう。

三枝のように思考が徹底的に合理的であることは、経営者にとって極めて重要な資質であろう。だが、合理主義者である半面、相反するようだが人情家であったことも事実だ。

さらに、タブーに斬り込む稀有な発想が、数々の功績を招いたことも特筆される。

三枝の判断基準に「前例」は関係ないのである。過去にとらわれない自由闊達な発想法こそが改革をもたらす原動力になる。

そして、今一つが、ライバル視し続けた阪急百貨店の存在である。ハングリー精神から成り上がった経営者とは異なり、三枝には立派な経営者になって金持ちになり裕福な暮らしをしたいといったような動機はない。しかし人間は、目標を持たずに無闇に頑張ることは苦手な生命体である。

三枝の場合、その目標とは対戦相手の宿敵、つまり隣接する阪急百貨店であり、究極のゴールは〝打倒・阪急〟であった。

三枝は果敢に阪急百貨店を打ち負かそうと挑み続けた。いや、打ち負かそうとまでは思っていなかったかもしれないが、ライバル視したことは事実だ。相撲でいうと、平幕力士が、隙あらば横綱に勝って金星を上げようと、向こう見ずにぶつかっていくような印象を受ける。

高級品や高額な商品を扱い、敢えて販売努力をしなくても優良顧客が勝手に買い求めて利益が確保できる収益構造の阪急百貨店を〝公家商法〟と仮定しよう（実際にはそんなことはないのだろうが、分かりやすく差別化して比べてみよう）。

一方、阪神百貨店には、「兄ちゃん、安うせな買えへんで」という、価格に敏感な庶民派の顧客がわんさと押し寄せ、「これお買い得です」という商品に鋭く反応する。財布のひもが固い〝しぶちん〟や庶民に受けるマーケティングの立案に、常に頭を悩ます阪神百貨店は、いわば〝野武士商法〟と称することができるかもしれない。

そして遂に、〝野武士阪神〟が〝公家阪急〟に対抗できる糸口を見つける。それが食品であった。食品は衣料品に比べて利益率が低く、百貨店各社は本気になって取り組まないという現実があった。それに対し、三枝が単なる合理主義者であったならば、利益率だけを判断基準にして食品売り場の改革になど乗り出さなかったに違いない。しかし、三枝は違った。誰もが取り組まない食品売り場改革にこそ、成功の可能性を敏感に感じ取ったのである。

そうなると、「利益率が低い」や「百貨店各社は食品に見向きもしない」という前例は、関係がなくなる。前例にとらわれない、過去の商慣習を踏襲しない——は、むしろ三枝の真骨頂である。タブーを冒してまで食品売り場の改革に大ナタを振るうことで、成功の可能性を直感した三枝の経営者としての勘は卓越して鋭い。

かくして三枝は食品売り場の充実に血道をあげ、遂に「デパ地下ナンバーワン」の称号を勝ち取るのだ。

もし、三枝が仮に阪急百貨店に入社していたらどうなっていただろう。〝公家社会〟の中でその強烈な個性は埋没していたかもしれないし、あるいは「出る杭は打たれる」式に関係会社に転出することになり「百貨店道」を闊歩することはなかったかもしれない。

阪急ではなく阪神であったことが、三枝がその能力を発揮する場として最善な環境であった気がする。

平成三十（二〇一八）年の就職戦線は売り手市場と言われた。就活に挑む大学生たちは氷河期に比べると労なくして志望する企業や自治体に就職することができる。「就職してしまえばこれで一生安泰」ではなく、長いサラリーマン人生、本書に紹介した三枝の生きざまとメッセージが若者たちや中高年の会社人生にとって大いなる刺激となり、また困難を乗り切るヒントになれば幸いである。

あとがき

「私のよく知るある元経営者の話を書いてもらいたい」――。平成二十九年夏、焼き肉店「情熱ホルモン」をチェーン展開する五苑マルシン（大阪市）の川辺清社長からそんな依頼を受けた。元経営者とは一体誰だろうと気がかりであった。川辺社長のように生きるか死ぬかの壮絶な人生ドラマを演じ、一代で会社を築き上げたようなオーナー経営者ではなく、その対象はサラリーマン社長であると聞き、正直言うと気乗りがしなかった。

よくあるサラリーマン社長の物語とはエリート街道を驀進《ばくしん》してトップに上り詰め、社長時代に辣腕《らつわん》を振るった功績の数々や、若き日に遭遇したエピソードを紹介する自慢めいた内容であり、山あり谷ありのオーナー社長の一代記に比べると読み物としてはインパクトに欠けると、勝手に決め込んでいた。

川辺氏を訪ねると、その対象となる人物は三枝輝行・元阪神百貨店社長であると明かされた。三枝氏の名前は経済部記者の時代に聞いたことがあり、存じてはいたが、面と向かって取材した経験はなく、それなりに知名度のある経営者という程度の認識しかなかった。

早速、お会いして取材に取り掛かったが、「サラリーマン社長の物語は今一つつまらない」と思い込んでいた私の固定概念は根底から覆された。

幼い頃に母を亡くした小学生時代の記憶に始まり、阪神百貨店に入社した後には、こともあろうに上司である役員を謝罪させた豪胆な新入社員時代、大手アパレルメーカーやメーンバンクを追い出した武勇伝、台湾の百貨店づくりを手伝いながら引き起こした文化摩擦、断るつもりが一転協力をすることになった地方百貨店の再建計画、そして息を呑む〝村上ファンド〟との対峙《たいじ》……と、語られる大胆なエピソードの全てに興味がわき、「サラリーマン社長でこんなにすごい人物は見たことがない」と、驚嘆したのである。

すっかり〝三枝教〟の信者になった私は出版に先駆け、会う人、会う人ごとに「こんなにドラマティックな社長の会社人生を今、執筆しているんですよ」と、思わず前宣伝をしたほどだ。

〝デパ地下王〟三枝氏の人生のありようを綴《つづ》った本書が、百貨店マンはもとより一人でも多くのサラリーマンや就活学生の皆さんにとって遠い道のりを照らす道標となり、痛快で愉快なノンフィクションの物語として心に留めてもらえれば、嬉しい限りだ。

平成三十年夏　巽《たつみ》 尚之《ひさゆき》

本書は三枝氏の証言をもとに構成しました。登場する人物、企業や関係者の方々にはご理解をいただけましたら幸いです。

巽　尚之（たつみ・ひさゆき）
昭和30年大阪市生まれ。慶應義塾大学法学部卒業。産経新聞社に入社後、編集局経済部次長、営業局企画開発部長、編集委員などを務めた。大阪経済大学客員教授のほか、大阪成蹊大学、関西学院大学、関西大学の各大学で非常勤講師、大阪産業大学で評議員を務める。著書に『鉄腕アトムを救った男』（実業之日本社）、『アート引越センター 全員野球の経営』（ＰＨＰ研究所）、『人生で大切なことは手塚治虫が教えてくれた』（ＰＨＰ研究所、ラサール石井氏と共著）などがある。

日本一《にっぽんいち》の「デパ地下《ちか》」を作《つく》った男《おとこ》
三枝輝行《さえぐさてるゆき》 ナニワの逆転戦略《ぎゃくてんせんりゃく》

2018年6月30日 第1刷発行

著 者 巽尚之《たつみひさゆき》
発行者 手島裕明
発行所 株式会社集英社インターナショナル
〒101-0064 東京都千代田区神田猿楽町1-5-18
電話 03-5211-2632
発売所 株式会社集英社
〒101-8050 東京都千代田区一ツ橋2-5-10
電話 読者係 03-3230-6080
販売部 03-3230-6393（書店専用）
印刷所 凸版印刷株式会社
製本所 ナショナル製本協同組合

ISBN978-4-7976-7355-5 C0095